GW00361244

1 ORBITA

ÓRBITA 1

Curso de ESPAÑOL para extranjeros

R. FENTE - E. W. ALONSO

SGEL

Sociedad General Española de Librería, S.A.

Primera edición: 1991

Produce: SGEL-Educación.
        Marqués de Valdeiglesias, 5, 1.º 28004 Madrid

Diagramación: SEAMER, S. A.
Cubierta: Víctor M. Lahuerta
Fotografías: El Corte Inglés, ICEX, Paradores de España, RENFE, Back Stage,
        Europulman, Turespaña, Fedejerez, Agencia EFE, Jesús Valbuena,
        y Archivo SGEL
Dibujos: M. Rueda y L. Carrascón

© Rafael Fente Gómez y Enrique Wulff Alonso, 1991
© Sociedad General Española de Librería, S. A., 1991
        Avda. Valdelaparra, 29 - 28100. ALCOBENDAS - MADRID

I.S.B.N.: 84-7143-451-2
Depósito Legal: M. 9.203-1991
Printed in Spain - Impreso en España

Compone: MONOCOMP
Imprime: GRAFICAS PEÑALARA
Encuaderna: F. MENDEZ

INTRODUCCIÓN

ÓRBITA es un método de español como segunda lengua que se caracteriza por su enfoque comunicativo y por la rápida progresión de sus contenidos. Se trata de un curso estructurado en niveles, cada uno de los cuales propone un programa de trabajo de una duración media de 70 a 80 horas de estudio.

Para agilizar el aprendizaje y mejorar la progresión, las veinte lecciones de que consta cada nivel mantienen la misma estructura. En la página que inicia cada unidad figura la indicación temática que sirve de núcleo y los más importantes aspectos gramaticales y funcionales que se tratan.

Las cuatro destrezas básicas tienen los siguientes epígrafes:

ENTIENDA Y HABLE, que consta de textos grabados y escritos, cuya comprensión es imprescindible para obtener un adecuado dominio de la lengua hablada. La audición continuada de las grabaciones debe conducir al estudiante a la comprensión absoluta de los contenidos.

COMPRENDA Y ESCRIBA presenta de forma integrada la lectura y la escritura en contextos cotidianos. La práctica de ambas habilidades sirve, además, para consolidar los conocimientos adquiridos en la sección anterior.

La GRAMÁTICA debe estudiarse en conexión con el apéndice gramatical que se incluye en el libro. Se ha optado por esta presentación porque el manejo de la gramática es indispensable para el conocimiento de una lengua, pero, al mismo tiempo, la reflexión sobre las estructuras y su ejercitación aislada puede ofrecerse como teoría que sigue a la práctica.

Por último, el apartado ALGUNAS COSAS QUE USTED SABE constituye un repaso selectivo de lo aprendido en cada lección, y, al mismo tiempo, está concebido para que el estudiante tome conciencia de las funciones y aspectos lingüísticos de interés que va dominando.

El libro va acompañado del apéndice gramatical, antes citado, de los textos grabados y del solucionario de las actividades.

IDENTIFICACIÓN PERSONAL

- Nombre y apellidos.
- Edad.
- Nacionalidad/origen.
- Dónde vive.
- Número de teléfono.
- Profesión/trabajo/estudio.

- Las partículas interrogativas.
- Los pronombres personales.
- El presente de los verbos.
- El plural.

1

¿Cómo te llamas? Me llamo ..... MARK

¿Cómo se llama usted? Me llamo ..... MARK

¿Cuál es tu nombre? }
¿Cuál es su nombre? } Mi nombre es ..... MARK

¿Cuáles son tus apellidos? }
¿Cuáles son sus apellidos? } Mis apellidos son ..... LONG

¿Quién eres? }
¿Quién es usted? } (Yo) soy ..... MARK

a)
—**¿Cómo te llamas?**
—Me llamo Teresa Martínez Andrade.
—**¿Cuál es tu nombre?**
—Mi nombre es Teresa.
—**¿Cuáles son tus apellidos?**
—Mis apellidos son Martínez Andrade.
—**¿Quién eres tú?**
—Soy Teresa Martínez Andrade.

b)
—**¿Cómo se llama usted?**
—Me llamo Antonio Iglesias Rubio.
—**¿Cuál es su nombre?**
—Mi nombre es Antonio.
—**¿Cuáles son sus apellidos?**
—Iglesias Rubio.
—**¿Quién es usted?**
—(Yo) soy Antonio Iglesias Rubio.

2 Escuche los diálogos y marque con X la respuesta adecuada. SUITABLE

answer

a)
- ☐ Juan Andrade López
- ☐ José López Andrade
- ☐ Juan López Andrade
- ☐ Juan José
- ☐ Juan
- ☐ José
- ☐ Andrade López
- ☐ López Martínez
- ☐ López Andrade

b)
- ☐ Blanca Iglesias Rubio
- ☐ Clara Iglesias López
- ☐ Blanca Iglesias López

- ☐ Ana
- ☐ Blanca
- ☐ Clara

- ☐ Iglesias Rubio
- ☐ Iglesias López
- ☐ López Iglesias

¿Y usted?   ¿Cómo se llama usted?

Nombre	Apellido(s)
MARK	LONG

3 Edad, nacionalidad y origen.

¿Cuántos años tienes/tiene usted? — Tengo VENTI CUATRO .... (años).

¿Qué edad tienes/tiene usted? — Tengo VENTI CUATRO .... (años).

¿Cuál es tu/su nacionalidad? — Soy IRLANDES .... (español, inglés, etc.).

¿De dónde eres/es usted? — Soy de DUBLIN .... (Madrid, Londres, etc.).

Responda a las siguientes preguntas (consulte la pág. 132
para los números).

Respuesta

1. ¿Qué edad tiene usted?   ....

2. ¿Cuál es su nacionalidad?   ....

3. ¿De qué ciudad es usted?   ....

11

Comprenda y escriba

4

C/ = calle • Pl. = plaza • Av. = avenida

Dirección y teléfono

¿Dónde vives/vive usted? Vivo en .... (Madrid/París, etc.).

¿Cuál es tu/su dirección? Mi dirección es .... (C/ Goya, 135, etc.).

¿Cuál es tu/su número de teléfono?

¿Qué número de teléfono tienes/tiene usted? } Es el 527 19 20 (consulte la pág. 132 para los números).

5

Profesión/ocupación

¿Qué profesión tienes/tiene usted? }

¿Qué eres/es usted? } Soy .... (médico, profesor, etc.).

¿Dónde trabajas/trabaja usted? Trabajo en .... (una oficina, una tienda, etc.).

¿Qué estudias? Estudio .... (idiomas, informática, etc.).

6 Rellene los datos posibles de este impreso.

POR FAVOR COMPLETE EN LETRA DE IMPRENTA				
APELLIDOS O NOMBRE DE FAMILIA (Como figura en su pasaporte exactamente)			PRIMER NOMBRE Y SEGUNDO NOMBRE (Como figura en su pasaporte exactamente)	

FECHA DE NACIMIENTO Dia / Mes / Año	LUGAR DE NACIMIENTO (Ciudad, Provincia, País)	NACIONALIDAD
N.º DE PASAPORTE	FECHA EMISIÓN/PASAPORTE	FECHA VENCIMIENTO PASAPORTE
DOMICILIO PARTICULAR (Incluya calle, número, Depto./apartamento, ciudad, provincia/departamento/estado y código/zona postal)	NÚMERO DE TELÉFONO PARTICULAR	
NOMBRE Y DOMICILIO DE SU OFICINA/TRABAJO/NEGOCIO, (No se acepta domicilio postal)	TELÉFONO DE SU OFICINA/TRABAJO/ NEGOCIO	

SEXO ☐ Femenino ☐ Masculino	COLOR DE CABELLO	COLOR DE OJOS	ALTURA	ESTADO CIVIL ☐ Casado/a ☐ Soltero/a ☐ Viudo/a ☐ Divorciado/a ☐ Separado/a

NOMBRES Y PARENTESCOS DE LAS PERSONAS QUE VIAJAN CON UD.

OCUPACIÓN ACTUAL Y/O PROFESION

¿CUÁL SERÁ SU DIRECCIÓN EN ESTE PAIS?

¿CUÁL ES EL PROPÓSITO DE SU VIAJE?

7 Observe las partículas interrogativas y use la forma apropiada en las preguntas.

¿Cómo .... ?
¿Cuál/es .... ?
¿Cuántos .... ?
¿Qué .... ?
¿Dónde .... ?
¿De dónde .... ?
¿Quién .... ?

1. ¿.................... nacionalidad tiene usted?
2. ¿.................... es tu nacionalidad?
3. ¿.................... te llamas?
4. ¿.................... son sus apellidos?
5. ¿.................... profesión tiene usted?
6. ¿.................... vives?
7. ¿.................... años tienes?
8. ¿.................... es usted?
9. ¿.................... es tu dirección?
10. ¿.................... número de teléfono tienes?

8 Diga el plural de...

- Dirección ....
- Teléfono ....
- Calle ....
- Nacionalidad ....
- Apellido ....
- Usted ....

Observe

Singular	Plural
año	año-s
profesor	profesor-es
lunes	lunes

9 Conjugue el presente de indicativo de los verbos *ser* y *tener* (consulte pág. 136). Ponga la forma adecuada en estas frases.

1. *(Nosotros)* .... 20 años.
2. *(Ella)* no .... de Madrid.
3. En España *(vosotros)* .... dos apellidos.
4. *(Yo)* .... español.
5. ¿Qué número de teléfono .... *(usted)*?
6. ¿De dónde .... *(vosotros)?*
7. *(Ellos)* no .... teléfono.
8. ¿De dónde .... *(ellas)?*

Ser	Tener

10 Haga dos preguntas y respuestas con el presente de los verbos *estudiar / comprender / vivir* (consulte pág. 136).

....

....

Algunas cosas que usted sabe

1 **Preguntar el nombre y apellidos.**

¿Cómo te llamas?
¿Cuál es su nombre?

....

....

2 Mi nombre es ....

3 Mis apellidos son ....

4 **Preguntar la edad.**

¿Cuántos años tienes?
¿Qué edad tiene usted?

....

....

5 Tengo .... (años).

6 **Preguntar la nacionalidad/el origen.**

¿Cuál es tu nacionalidad?
¿De dónde es usted?

....

....

7 Soy español/de Sevilla

8 **Preguntar dónde vive.**

¿Dónde vive usted?
¿Cuál es tu dirección?

....

....

9 Mi dirección es ....

10 **Preguntar el número de teléfono.**

¿Cuál es tu número de teléfono?
¿Qué número de teléfono tiene usted?

....

....

11 **Preguntar profesión/trabajo/estudio.**

¿Qué profesión tiene usted?
—Soy médico.

¿Qué eres?
—Soy profesor.

Dónde trabajas
—Trabajo en una oficina.

¿Qué estudias?
—Estudio idiomas.

LECCIÓN 2

LA FAMILIA
Y LA VIDA DIARIA

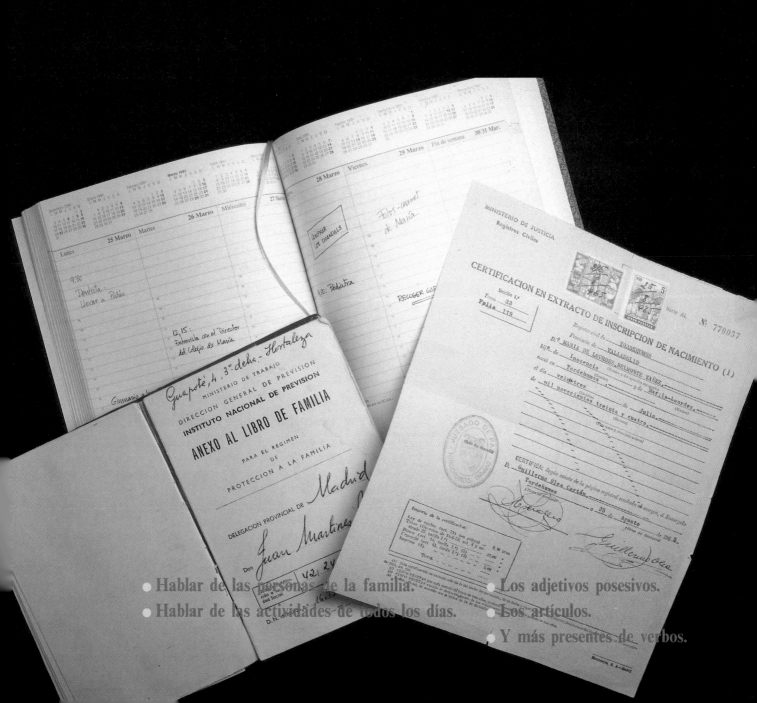

- Hablar de las personas de la familia.
- Hablar de las actividades de todos los días.
- Los adjetivos posesivos.
- Los artículos.
- Y más presentes de verbos.

Entienda y hable

1 Observe el cuadro de la familia Castillo y escuche la grabación.

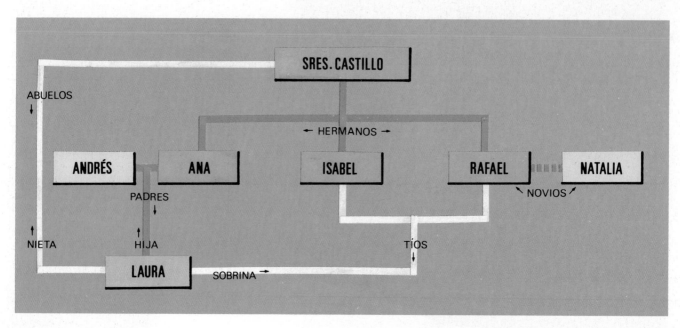

Ésta es la familia Castillo

Laura es la primera nieta de los señores Castillo. La mamá de Laura, que se llama Ana, trabaja en un banco, y el papá, que se llama Andrés, trabaja en un periódico. Ana y Andrés son un matrimonio muy joven, llevan casados tres años. Viven cerca de los abuelos. Ana tiene una hermana, Isabel, que trabaja en una agencia de viajes y un hermano, Rafael, que estudia arquitectura. La novia de Rafael se llama Natalia. Isabel y Rafael son los tíos de Laura. La quieren mucho porque es la primera sobrina que tienen. La familia Castillo vive en Bilbao.

2 Vuelva a escuchar la cinta y compruebe la información.

	Sí	No
Laura tiene un tío y una tía	☐	☐
Los señores Castillo tienen dos nietos	☐	☐
La familia Castillo vive en Madrid	☐	☐
La mamá de Laura se llama Ana	☐	☐
El papá se llama Andrés	☐	☐
Llevan casados cuatro años	☐	☐
Isabel trabaja en una agencia de seguros	☐	☐
La novia de Rafael se llama Natalia	☐	☐
Isabel y Rafael tienen más sobrinos	☐	☐

16

3 **Estudie el horario de los miércoles de Ana.**

7	Despertarse/hacer gimnasia, hacer la cama.
7.30	Lavarse/arreglarse/peinarse.
8	Desayunar.
9-1	Trabajar.
1.30	Comer.
3-5	Trabajar.
5-6	Hacer la compra.
6.30	Ir al cine.
9	Preparar la cena.
10	Cenar.
11	Leer/escuchar música.
12	Irse a la cama.

4 **Escuche la cinta y complete el ejercicio.**

Los miércoles Ana se despierta a las siete de la mañana.
.... un poco de gimnasia y después ....
la cama. Se ...., se .... y se .... A las
ocho .... de nueve a una. A la una y media ....
De cinco a seis .... la compra y a las seis y media
va al cine. Su marido y ella .... la cena a las nueve
y a las diez .... Luego .... y
música y a las doce se .... a la cama.

5 **Ahora conteste a las siguientes preguntas.**

¿A qué hora se despierta Ana? ....

¿Que hace a las 7.30? ....

¿Qué hace después? ....

¿Cuándo trabaja? ....

¿A qué hora come? ....

¿Qué hace antes de ir al cine? ....

¿Quién prepara la cena? ....

¿Qué hace después de cenar? ....

¿A qué hora se va a la cama? ....

6 **Fíjese en las formas de los verbos.**

Un día normal

Los días de trabajo *me despierto* a las siete de la mañana. *Me levanto* inmediatamente, *me afeito* y *me ducho*. *Voy* a la cocina y *preparo* el desayuno para mi mujer y mi hijo. *Desayunamos* y luego nos *vamos* a trabajar. Normalmente *comemos* a las dos y media. *Vuelvo* al trabajo a las cuatro y media y *termino* a las siete. Ya en casa, *leo* el periódico, *escucho* música y *ayudo* a preparar la cena. Después de cenar *vemos* la televisión y *nos acostamos* a las 12 de la noche. *Me duermo* en seguida.

7 **Numere los verbos siguientes según las actividades de un día normal.**

- ☐ escuchar música
- ☐ cenar
- ☐ ver la televisión
- ☐ leer el periódico
- ☐ volver del trabajo
- ☐ ir al trabajo
- ☐ comer
- ☐ lavarse/ducharse/bañarse
- ☐ afeitarse
- ☐ levantarse
- ☐ despertarse
- ☐ dormirse
- ☐ acostarse
- ☐ desayunar

8 **Escriba las actividades de usted.**

Un día de fiesta

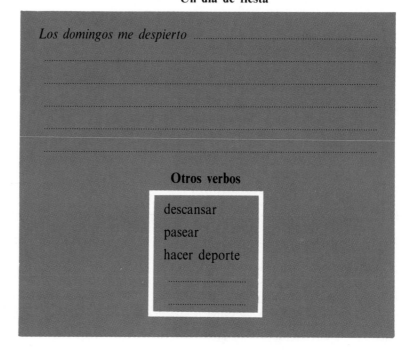

Los domingos me despierto ....

....

....

....

Otros verbos

descansar

pasear

hacer deporte

....

....

9 **Observe y ponga la forma apropiada de los adjetivos posesivos.**

yo - mi/s
tú - tu/s
él
ella ⎫ su/s
usted ⎭
nosotros/as - nuestro/a/os/as
vosotros/as - vuestro/a/os/as
ellos/as ⎫
ustedes ⎭ - su/s

1. *(yo)* .... tíos viven en Ávila.
2. *(ella)* .... hermana está soltera.
3. *(ellos)* .... padre trabaja en un hospital.
4. *(yo)* .... nieta se llama Laura.
5. *(él)* .... hermano es Rafael.
6. *(usted)* ¿Vive .... familia aquí?
7. *(vosotros)* .... padre termina a las siete.

tú - vosotros/as expresan confianza o familiaridad.
usted/es expresan relaciones formales o de respeto.

10 **Ponga la forma adecuada.**

1. ¿Cómo se llaman .... padres *(de ti)*?
2. *(de usted)* .... mujer se llama Julia, ¿no?
3. *(de vosotras)* .... novios son muy jóvenes.
4. *(de nosotros)* .... hijos se acuestan tarde.
5. *(de ellos)* .... madre vive cerca.
6. *(de ustedes)* ¿Es éste .... periódico?

Observe

estoy
estás
está
estamos
estáis
están

es/está soltero
casado
divorciado

11 **Ahora escriba correctamente.**

Me ducho
Te duchas
Se ducha
Nos duchamos
Os ducháis
Se duchan ⎫ todos los días.

1. *(Nosotros/lavarse)* .... las manos.
2. *(El/afeitarse)* .... todos los días.
3. *(Ellas/dormirse)* .... en seguida.
4. *(Tú/despertarse)* .... a las ocho.
5. *(Ella/bañarse)* .... por las noches.
6. *(Ella/peinarse)* .... muy mal.

12 **Los artículos en español son...**

el - la	un - una
los - las	unos - unas

Algunas cosas que usted sabe

1 **Hablar de las personas de una familia.**

    2 Un matrimonio son .... y ....

    3 Cuando tienen hijos son .... y ....

    4 La hija de ellos es la .... de los abuelos.

    5 Ana tiene una .... y un ....

    6 Isabel y Rafael son .... de Laura.

    7 Natalia es la .... de Rafael.

8 **Hablar de las actividades de todos los días.**

    9 ¿Qué hace después de despertarse? ....

    10 Después de lavarse ....

    11 ¿Quién prepara el desayuno? ....

    12 ¿Qué hace después de desayunar? ....

    13 ¿A qué hora come usted? ....

    14 ¿Qué hace Ana antes de ir al cine? ....

    15 ¿Cuándo escucha música? ....

    16 ¿Cuándo ven la televisión? ....

    17 ¿A qué hora se va Ana a la cama? ....

    18 ¿Qué horario tiene usted un día nor-
        mal? ....

LECCIÓN 3

LA CIUDAD

- Dar y entender direcciones en la ciudad.
- Conocer España.

- Contracciones de artículos *(al, del)*.
- Los demostrativos.
- Números y horas.
- Y más presentes de verbos.

Entienda y hable

1 Escuche la grabación y señale en el plano las palabras destacadas en el texto.

—Por favor, ¿me puede decir dónde está El Corte Inglés?

—Sí, mire... Suba por la *calle Goya* hasta el cruce con *Alcalá*. El *edificio de El Corte Inglés* está a la derecha, pasada la *Glorieta*, entre Goya y *Felipe II*.

—**¿Está muy lejos?**

—No, a unos ocho minutos a pie.

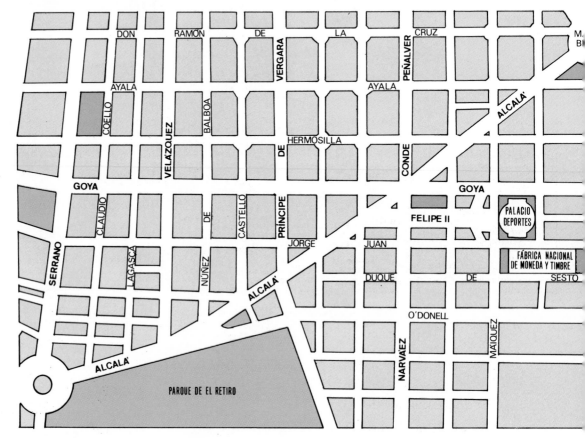

2 Marque el itinerario en el plano según escucha la grabación.

Lugar: En un taxi, en la calle Serrano, esquina con Ayala.

—**Al Palacio de los Deportes, por favor.**

—Muy bien, señor. ¿Vamos por Goya?

—**Es que no sé dónde está.**

—Pues está al final de Goya, a la derecha, antes de llegar a Dr. Esquerdo.

—**Bueno... no sé... ¿ése es el camino más corto?**

—Sí, señor.

—**Pues entonces vamos por ahí.**

3 Escuche la grabación y señale las estaciones de metro que se indican.

Lugar: Estación del metro de *Manuel Becerra*.

—**Oiga, por favor, ¿ésta es la línea para ir a *Serrano*?**

—No. Tiene que ir hasta *Goya* y allí cambiar a la línea 4.
Desde allí son dos estaciones, *Velázquez* y *Serrano*.

—Muchas gracias, muy amable.

4 Dé usted las instrucciones.

Si usted está en la plaza de Manuel Becerra y alguien le pregunta:

a) Por el aparcamiento de la calle Felipe II.

b) Por la Fábrica Nacional de Moneda y Timbre.

¿Qué instrucciones debe darle?

Puede usar

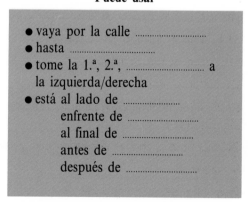

- vaya por la calle ....
- hasta ....
- tome la 1.ª, 2.ª, ... a la izquierda/derecha
- está al lado de ....
  enfrente de ....
  al final de ....
  antes de ....
  después de ....

5 Lea y complete.

> **Madrid** es la capital del reino de España donde tienen la sede las Cortes (el Parlamento) y el Gobierno. También es el lugar de residencia del rey. Igualmente es la capital de la provincia de Madrid y de una de las 17 comunidades autónomas del Estado español.
>
> La ciudad está situada a 650 metros sobre el nivel del mar, en la Meseta Central, casi en el centro de la Península Ibérica. Tiene una población de aproximadamente cuatro millones de habitantes.

● Ya sabe la altura de Madrid: ....

● ¿Está al norte, sur, este u oeste del país? ....

● Madrid es la capital de
 { España
   ....
   ....

● En Madrid están: ....

● *Tienen la sede* es igual a ....

● ¿Sabe qué tanto por ciento de españoles vive en Madrid?
 ....

6 Mire los planos de las actividades 1, 2 y 3. Escriba una nota a un amigo.

a) El amigo está en El Corte Inglés de Goya.

b) Usted le espera en la salida del metro de Velázquez.

c) Le da instrucciones para ir en metro o a pie.

....
....
....
....
....
....
....
....
....
....

7 **Observe y rellene los espacios.**

a + el = al
de + el = del

1. Voy .... cine.
2. Ésta es la dirección .... Señor González.
3. Madrid es la capital .... reino.
4. Mi casa está .... lado .... aparcamiento.
5. No sé el título .... libro.

Consulte la pág. 131 **y vea cómo se usan estas formas.**

este/a/os/as — aquí (acá)
ese/a/os/as — ahí
aquel/la/los/las — allí (allá)

8 Consulte la pág 132 **y lea los siguientes números.**

9, 15, 27, 33, 650, 531, 2.000, 1990

9 ¿Qué hora es?
¿A qué hora...?

Consulte la pág. 133 **y diga la hora de estos relojes.**

10 Consulte la pág. 139, **conjugue el presente de** *ir* **y** *venir* **y ponga la forma correcta.**

voy	vengo

1. ¿A qué hora *(venir)* .... tu amiga?
2. ¿Qué días *(ir/tú)* .... a la Universidad?
3. *(Yo/ir)* .... los lunes, miércoles y viernes?
4. ¿No *(venir/ustedes)* .... con nosotros?
5. ¡Mira! Ahora *(ellas/ir)* .... por la calle.

Algunas cosas que usted sabe

1 **Usted ya entiende cuando le preguntan...**
¿Me puede decir dónde está...?

    2 Puede responder:
Suba por esta calle y a la derecha...

    3 Y, si no sabe, puede decir:
Lo siento, no sé dónde está/no soy de aquí.

    4 Y entiende:
¿Está lejos?

    5 Puede decir:
No, a unos minutos a pie.

    6 En el metro puede indicar:
Tiene que ir hasta .... y allí cambiar a
..

    7 Y entender al taxista:
¿Por dónde vamos?

    8 Le puede decir:
Por el camino más corto.

9 **Ya sabe dar instrucciones.**
Vaya por esta calle hasta...
y luego tome la .... a la izquierda.

    10 Indicar:
Está al lado/enfrente de/al final de/antes de/
después de.

    11 Usted ya sabe que España es un ....
y que el rey se llama ....

    12 Y que el Parlamento y el ....
están en...

    13 Madrid está a .... sobre
el .... del mar y casi en............. de
la .... Ibérica.

    14 La población ....

    15 Y las .... del Estado
español son ....

LECCIÓN 4

EL CAMPO

- Descubrir la vida en el campo y en los pueblos.
- Manifestar gustos y preferencias.
- Presente de verbos irregulares.
- Género y número de los sustantivos.

1 **Escuche y numere.**

- Normalmente vamos en coche .... ☐
- Allí pasamos muchos fines de semana y gran parte del verano .... ☐
- Mi familia tiene una finca en la provincia de Toledo, al sur de Madrid .... ☐
- A mi hermana y a mí nos gusta mucho montar a caballo y bañarnos en el río .... ☐
- Tenemos dos perros muy grandes y un gato muy bonito .... ☐
- A mi madre le gusta mucho oír a los pájaros y cuidar las flores y plantas del jardín .... ☐
- A mi padre le gusta pasear por el campo y ver el paisaje .... ☐
- Hay muchos animales y árboles frutales .... ☐
- En la finca hay un pequeño río .... ☐
- A mi hermana le gusta dar de comer a las gallinas y a las vacas .... ☐

2 **Ahora conteste las siguientes preguntas.**

- ¿Dónde está la finca?
- ¿Cuándo van a ella?
- ¿Cómo van?
- ¿Qué hay en la finca?
- ¿Qué le gusta hacer a mi hermana?
- ¿Qué le gusta a la madre?
- ¿Qué le gusta al padre?

- ¿Quién monta a caballo?
- ¿A dónde va usted los fines de semana?
- ¿Dónde pasa usted el verano?
- ¿Qué animales domésticos tiene usted?

3 **Identifique productos y animales.**

lana	gallina
jamón	vaca
huevos	cerdo
leche	oveja

4 **Complete.**

Norte

5 **Describa la vida en la Plaza Mayor según los datos del ejercicio 6.**

¿Qué hacen? ¿De qué hablan?

6 Ponga los artículos que faltan en el texto: *el, la, los, las, al;* y los verbos siguientes: *vamos, conocemos, son, trabajan, se reúnen, tomar, charlar, ver.*

—A menudo .... pueblo próximo para comprar .... pan, periódicos y otras cosas. .... a todo el mundo. .... vida allí es muy sencilla comparada con .... grandes ciudades. .... mayoría de........................ gente .... agricultores que .... muchas horas .... día en sus tierras. Después de terminar el trabajo .... en .... bares de .... Plaza Mayor para .... unas copas y .... con los vecinos o .... algún partido en la tele. El tema de conversación preferido es .... tiempo: En invierno, ... fríos; en verano,........................... calores; en primavera, ... cosechas, y en otoño, ... lluvias.

7 Coloque por orden de mayor a menor:

provincia - país - pueblo - comunidad autónoma - ciudad

....

8 Escriba las estaciones del año.

....

9 Fíjese: Animales de compañía. *¿Mucho, algo, poco...?*

	ofrecen	necesitan
perro gato pájaros peces	compañía afecto diversión paz alegría	atención tiempo espacio sacar de paseo

Escriba su opinión y preferencia según lo que ofrecen y necesitan estos animales.

El perro ofrece .... y necesita ....

....
....
....
....

10

Para solicitar un favor o una información se puede preguntar...

¿Quieres/quiere usted... (abrir la ventana)?

¿Puedes/puede usted... (cerrar la puerta)?

Consulte la pág. 136, **conjugue el presente de** *querer* **y** *poder* **y escriba la forma adecuada en las frases.**

querer	poder

1. No *(yo/querer)* .... ir al pueblo.
2. ¿*(Poder/tú)* .... ir en coche?
3. Todos nosotros *(querer)* .... bañarnos en el río.
4. *(Vosotros/poder)* .... montar a caballo.

11 **Recuerde estas formas irregulares, sólo en primera persona singular.**

veo
sé
salgo
traigo
doy
pongo
hago
estoy

a) ¿Cuáles son los infinitivos? (Consulte pág. 137).

....

b) Haga una frase con cada una.

12 **¿Cuáles de estas palabras son masculinas o femeninas?** Consulte pág. 129 y **ponga el artículo determinado delante.**

el agua	.... diversión	el problema	.... verano	los peces	.... semanas
.... paz	.... tele	.... pájaro	.... calle	.... animales	.... coches
.... gente	.... flor	.... leche	.... tema	.... días	.... campos

Algunas cosas que usted sabe

1 **Los puntos cardinales son** ....
....

2 **¿Cómo van a la finca?** ....

3 Los nombres de estos animales son ....

4 Los fines de semana usted va a ....

5 Usted pasa el verano en ....

6 Los animales que ve usted con alguna frecuencia son .... (¿En la realidad .... , en la televisión ...., en el zoo ...., o en los libros .... ?).

7 Sabe describir lo que les gusta hacer en la finca.

8 ¿Qué le gusta a usted hacer en el campo? ....

9 **Decir a qué van al pueblo.**

10 Decir cómo es la vida allí.

11 Dónde trabaja la mayoría de la gente del pueblo.

12 Qué hacen después de terminar el trabajo.

13 De qué hablan.

14 Sabe que lo mayor es el país y luego ....

15 Que los animales ofrecen ....
....

16 Y que necesitan...

17 Y que usted prefiere ....

LECCIÓN 5

VIAJES Y TRANSPORTES

- Preguntar y responder sobre medios de transporte.
- Preguntar y dar información sobre precios y horarios de viaje.
- Hablar sobre ventajas e inconvenientes de los medios de transporte público.

- Pronombres personales átonos. *Conmigo, contigo.*
- Expresar intención o futuro inmediato (*ir a + inf.*).
- Sugerir actividades.

1 Escuche la cinta e identifique las partes del diálogo.

> Información General (A)
> Información ⎰ Tarifas (B)
> específica ⎱ Horarios (C)
> Forma de pago (D)

☐

—¿Le puedo pagar con tarjeta?
—Por supuesto, señorita. Puede usted pagar con tarjeta o con dinero. Muchas gracias. Buenos días y buen viaje.
—**Gracias. Adiós, buenos días.**

☐

—**Me parece muy bien. ¿Me puede decir los horarios?**
—¿Por la mañana o por la tarde?
—**Para la ida, por la mañana.**
—Tiene usted vuelos a las 7.40, 11.10 y 13.30. ¿Cuál prefiere?
—**Prefiero el de las 11.10. ¿Y para la vuelta, por la tarde?**
—De vuelta, por la tarde, tiene a las 15, 20.40 y 24.
—**Mejor el de las 20.40.**
—¿Qué días?
—**Ida el día 22 y vuelta el 24. ¿Puedo tener ya el billete?**
—Claro que sí, señorita. Un momento... aquí tiene.

☐

—**Buenos días. Quiero...**
—Un momento, por favor. Sí, dígame, señorita.
—**Bueno..., ¿cómo puedo ir a Santiago de Compostela?**
—No hay ningún problema. Puede ir en tren, en avión...
—**¿Qué me recomienda? ¿Qué le parece mejor?**
—Vamos a ver... Hay servicio diario de trenes, aviones y autocares. Lo más barato es el autocar. Si saca un billete de ida y vuelta sólo le cuesta 5.000 pesetas. Lo más caro es el avión.

☐

—**¿Hay alguna tarifa especial en avión?**
—Sí. Si pasa usted el sábado en el lugar de destino, la compañía Iberia le hace un descuento del 40 %, pero las plazas son limitadas.
—**¿Me puede decir el precio de la tarifa especial?**
—Pues sí. Mire, aquí está... son 12.000 pesetas. El precio normal es 20.000. ¡Es un magnífico descuento!

2 Escuche de nuevo el diálogo y rellene esta nota de la Agencia de Viajes.

Destino ....

Medio de transporte
{ tren ☐
autocar ☐
avión ☐

Precio del autocar ....

Tarifa especial en avión ....

Tarifa normal ....

Horarios
{ ida ....
vuelta ....

Viaje de ida ....

Viaje de vuelta ....

Tarjeta ☐   Dinero ☐

3 Complete ahora este diálogo.

—Buenos días (quiere saber los medios de transporte para Santiago).

....

—No hay ningún problema (le dice las posibilidades).

....

—Bueno... (le pregunta por el transporte más barato).

....

—El billete de autocar... ....

—(Le pregunta por las tarifas especiales de avión).

....

—(Le dice las tarifas.)

....

—(Pregunta los horarios.)

....

—(Le dice los horarios de ida y vuelta.)

....

Comprenda y escriba

4 Una los textos con los dibujos correspondientes.

☐ Tenemos plazas para todos. Viaje con comodidad o en coche-cama.

☐ Mire por la ventanilla y disfrute de las vistas al campo o a la playa.

☐ No hay límite de velocidad, puede ir a 160 km/h.

☐ Vía reservada para usted. Usted tiene la preferencia.

☐ Estamos para servirle: comida, café, copa y vídeo.

☐ Aquí tiene usted un buen aparcamiento. Llega usted a su destino sin cambiar de marcha.

5 Escriba estos datos de la actividad 1.

● ¿Qué cuesta 5.000 ptas.? ....

● ¿Cuándo hay descuento del 40 % en el avión? ....

● 12.000 ptas. es .... y 20.000 ptas. ....

● 7.40, 11.10 y 13.30 son ....

● 15, 20.40 y 24 son ....

6 **Observe** y consulte la pág. 132 **sustituya las formas, según el modelo:**

me - a mí
te - a ti
le ⎫
la ⎬ - a él/ella/usted
lo ⎭
nos - a nosotros/as
os - a vosotros/as
les ⎫
las ⎬ - a ellos/ellas/ustedes
los ⎭

Veo (a él) = **Le** veo

Miro (a ella) = ...

Lee (el libro) = ...

Compramos (la casa) = ...

Invito (a vosotros) = ...

No oigo (a ellos) = ...

No sé (la hora) = ...

7

Observe

¿Con quién...?   con + yo = conmigo
con + tú = contigo
con él/ella/nosotros, etc.

Conteste:

¿Con quién está mi hermana? ....

¿Con quién vas? ....

¿Con quién comes hoy? ....

8 **ir a** + **infinitivo se usa para expresar intención o futuro inmediato.** Ejemplos:

Voy a estudiar la lección.
Van a venir en seguida.

Haga frases similares con estos elementos.

Mis padres / enviar / a mí / dinero /. ....

¿Usted / quedarse / aquí? ....

¿Cuándo / (ellos) poner / la mesa? ....

Mañana / no / (yo) volver /. ....

9

La primera persona plural del presente se usa muy frecuentemente para *sugerir* actividades; en forma de pregunta.

¿Comemos?
¿Vamos al fútbol?
¿Jugamos al dominó?

Invite o sugiera a un amigo...

Entrar en un bar.

....

Descansar un poco.

....

Ir a Santiago de Compostela.

....

Ir en tren.

....

Algunas cosas que usted sabe

1 Preguntar cómo puede ir a ....

2 Pedir la opinión: ¿Qué me recomienda? ....

....

....

....

3 Saber que lo más barato es ....

4 Y lo más caro ....

5 Saber que hay tarifa normal y tarifa

....

6 Que la tarifa especial tiene ....

7 Pero que hay que pasar ....

8 Y que las plazas ....

9 Decidirse por...............................

10 Preguntar por los horarios.

11 Saber que hay vuelos por........................... y
por ....

12 Y que lo contrario de ida es ....

13 Preguntar cómo puede pagar.

14 Que en el tren hay plazas...............................

15 Que si mira por la ventanilla ....

16 Que puede ir a 160 km/h porque...............................

17 Que la vía está reservada para usted porque ....

18 Que puede llegar a su destino sin ....

HOTELES Y ALOJAMIENTOS

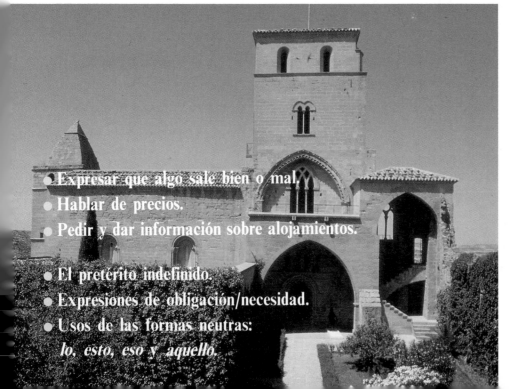

- Expresar que algo sale bien o mal.
- Hablar de precios.
- Pedir y dar información sobre alojamientos.

- El pretérito indefinido.
- Expresiones de obligación/necesidad.
- Usos de las formas neutras:
  lo, esto, eso y aquello.

1 Fíjese en las siguientes expresiones.

¿Qué tal...?
¿Y la vuestra?
¿A vosotros, qué os pasó?

La nuestra, *estupenda*.
Estuvimos en un parador *precioso*.
Con todas las comodidades.
Y muy *barato*.
¡Una maravilla!

La verdad es que *no salió nada bien*.
Lo peor fue el alojamiento.
Luego era una *mala* pensión.
Las habitaciones *no tenían* baño.
No había agua caliente.
Un ruido *insoportable*.
¡Fatal! ¡Un desastre!
¡Carísimo!
¡Una vergüenza!

Escuche ahora el diálogo. Marque con 🔲¿ cuando se pide opinión; con 🔲− cuando la opinión es negativa; y con 🔲+ cuando es positiva.

—Hola, Elena.

—**¿Qué tal la excursión, Esperanza?** 🔲

—Pues mira..., la verdad es que no salió nada bien. 🔲 ¿Y la vuestra? 🔲

—**La nuestra, estupenda.** 🔲 **¿A vosotros, qué os pasó?** 🔲

—Pues..., lo peor fue el alojamiento. 🔲 La propaganda decía que era un hotel de cuatro estrellas, y luego era una mala pensión... 🔲, las habitaciones no tenían baño... 🔲 no había agua caliente... 🔲, un ruido insoportable 🔲 ¡Fatal! 🔲 ¡Un desastre! 🔲

—**Pues nosotros estuvimos en un parador precioso...** 🔲**, con todas las comodidades** 🔲 **y muy barato...** 🔲**, sólo 6.000 pesetas por la habitación doble. ¡Una maravilla!** 🔲

—¡Qué suerte! A nosotros querían cobrarnos 10.000 pesetas. ¡Carísimo! 🔲, pero no pagamos la cuenta y pedimos el libro de reclamaciones. ¡Una vergüenza! 🔲

Escuche la grabación y una correctamente las dos partes del diálogo.

—¿Puedo reservar una habitación para Semana Santa, por favor?

—Tres. Necesito una habitación doble.

—Señor y señora Alonso.

—La quiero con cuarto de baño.

—¿Hay ruidos en la zona?

—Entonces quiero una exterior.

—Desde el 14 por la tarde.

—Muy bien, señor. Reservada desde el 14 por la tarde hasta el 17 por la mañana.

—Muy bien. A nombre de señor y señora Alonso.

—Sí, señor, todavía tenemos habitaciones libres. ¿Cuántas noches?

—No, no, señor. Es una zona muy tranquila.

—Muy bien, una habitación exterior. Para qué fechas?

—Por supuesto, señor. Con cuarto de baño.

—Vamos a ver... Sí, señor. Una habitación doble. ¿A nombre de quién, por favor?

3 **Diga ahora qué características tiene la habitación que quiere el señor Alonso.**

Características:

- ¿Doble / individual? ....
- ¿Con / sin cuarto de baño? ....
- ¿Exterior / interior? ....
- ¿Mucho / poco ruido? ....

¿Cuántas noches? ....

¿Qué época del año? ..../............

Fíjese

Libre / completo. / Reservar habitación / sencilla / doble / exterior / interior. / Cuarto de baño / ducha. / Agua corriente / caliente y fría.

En lugar de: *puedo, necesito, quiero,* también puede decir *podía, necesitaba, quería.*

4 Lea el texto y compruebe los servicios que tiene este hotel.

Primer hotel de cinco estrellas en Granada

La empresa Alhamar comienza la construcción del hotel Genil, con una capacidad de 112 habitaciones dobles y 56 individuales. El presupuesto es de más de mil millones de pesetas. Se espera terminarlo en dos años. El hotel tiene una magnífica ubicación, con vistas a Sierra Nevada y la ciudad.

El hotel va a tener salas para reuniones y congresos, sauna y gimnasio, pistas de squash, salón de belleza y peluquería, restaurante-cafetería, restaurante típico de alta categoría, pub-sala de fiestas, piscina-solárium, instalaciones deportivas al aire libre, área comercial, servicios bancarios, guardería, servicios de autobús al aeropuerto, etc. Como novedad se incluyen habitaciones especialmente acondicionadas para minusválidos.

Indique ahora con *sí* o *no* los servicios que se mencionan en el texto.

5 Resuma las experiencias de Elena y Esperanza en la actividad 1.

Elena	Esperanza

6   *Pretérito indefinido.* Consulte la pág. 137 **y conjugue los verbos...**

ganar	comer	salir

Estudie con atención las irregularidades de estos verbos:

> *creer:* creí, creíste, creyó...
> *conducir:* conduje, condujiste...
> *estar:* estuve, estuviste...
> *ser:* fui, fuiste...
> *tener:* tuve, tuviste, tuvo...
> *decir:* dije, dijiste...
> *hacer:* hice...
> *poder:* pude, pudiste...
> *poner:* puse, pusiste...
> *querer:* quise, quisiste, quiso...

Ahora ponga el verbo en la forma correcta del pretérito indefinido.

1. Todo *(salir)* .... muy bien.

2. Tú *(tener)* .... la culpa.

3. Nosotros *(ser)* .... los primeros.

4. La película *(estar)* .... muy divertida.

5. Yo no *(decir)* .... eso.

6. *(Ella)* lo *(hacer)* .... por mí.

7. *(Nosotros)* no *(poder)* .... vernos ayer.

8. ¿Dónde *(tú/poner)* .... el paquete?

7

> *Tener que* + *infinitivo* expresa obligación o necesidad:
>
> *Tengo que* levantarme temprano = *Debo* levantarme...
> *Tiene que* ganar dinero para vivir = *Necesita* ganar...

Sustituya los verbos en cursiva.

1. *Debes* decirme la verdad ....

2. *¿Necesita* usted fumar? ....

3. *No necesitamos* pagar ahora ....

4. *Necesito* leer el periódico ....

5. *Deben* trabajar más ....

6. *Debéis* pagar la cuenta ....

> Las formas neutras *lo*, *esto*, *eso* y *aquello* se usan mucho para referirse a acciones u objetos no conocidos o inconcretos:
>
> ¿Qué es *esto*?
> Yo *lo* hice bien.
> *Eso* está muy mal.
> *Aquello* fue muy interesante.
>
> Observe que siempre se usan en singular.

Algunas cosas que usted sabe

1 Utilizar expresiones para decir que algo salió bien.

¡Estupendo!
Estuvimos en un parador precioso.
¡Una maravilla!

....

2 Opinar que algo salió mal.

No salió nada bien.
Lo peor fue ....
¡Fatal! ¡Un desastre!

3 Hablar del precio; algo puede ser

.... o ....

4 Saber que hay un libro de ....

5 Reservar una habitación.

¿Puedo reservar una habitación...?
Necesito ....
Quería ....

6 Indicar las características.

doble/individual - sencilla
cuarto de baño/ducha
exterior/interior
sin ruidos

....

7 Hablar de las instalaciones de un hotel.

Tiene vistas a Sierra Nevada.
Se puede hacer deporte porque tiene ....
Para ir al aeropuerto hay ....
La novedad de este hotel es ....

COMIDAS
Y RESTAURANTES

- Pedir y dar información habitual sobre restaurantes.
- Dar opiniones sobre comidas y restaurantes.

- La construcción *estar* + gerundio.
- Números ordinales.
- La forma *se* impersonal.

Entienda y hable

1 Estudie esta lista de platos y bebidas.

flan	uvas
pescadilla	merluza
melón	café
hamburguesa	coca-cola
cerveza	huevos fritos
patatas fritas	sopa (de pescado)
ensalada	fruta
vino	
pollo asado	
entremeses	

Escuche ahora la cinta y añada los platos que se mencionan.

Camarero: De primero tenemos sopa de pescado o ....

Cliente: ...., por favor.

Camarero: ¿Y de segundo, qué prefiere? Hay pollo asado, ... con patatas o .... frita.

Cliente: Prefiero ....

Camarero: ¿Qué va a tomar de postre?

Cliente: ¿Qué hay?

Camarero .... del tiempo o .... de la casa.

Cliente: ¿Qué fruta tienen?

Camarero: Melón o ....

Cliente: Yo quiero ....

Camarero: ¿Para beber?

Cliente: .... tinto. ¡Ah! y tráigame luego un .... solo.

2 Escuche la cinta y señale los significados contrarios.

1. Esta merluza está *riquísima*.
2. La sopa está algo *sosa*.
3. La cerveza está un poco *caliente*.
4. Esta carne está *poco* hecha.
5. Este vino es muy *bueno*.
6. Este restaurante está muy *bien*.

- ☐ malo/a
- ☐ frío/a
- ☐ salado/a
- ☐ demasiado
- ☐ malísimo/a
- ☐ mal

Escuche los siguientes diálogos.

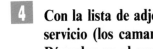

A) *Cajera:* Vamos a ver... una hamburguesa, patatas fritas y una coca-cola. Son 600 pesetas.

Clienta: **Aquí tiene mil.**

Cajera: Su cambio, señorita.

Clienta: **Gracias.**

B) *Cajera:* Pollo asado y una cerveza... 630 pesetas.

Cliente: **¿Tienes cambio de 10.000 pesetas.**

Cajera: ¿Sólo tienes ese billete?

Cliente: **Espera a ver. Sí, sí, tengo monedas de 100, toma setecientas.**

Cajera: La vuelta, toma las 70.

Conteste ahora

- ¿Qué *vuelta* le dan a la señorita del diálogo A? ....

- ¿Cuántas *monedas* de cien da el cliente del diálogo B?

....

- ¿Qué *cambio* le dan? ....

- ¿Qué *billete* da el cliente del diálogo A? ....

4 **Con la lista de adjetivos se puede describir la comida, el servicio (los camareros) y el interior de un restaurante. Póngalos en el recuadro más apropiado y describa con ellos un restaurante conocido por usted.**

agradable lento bonito moderno excelente rápido horrible elegante acogedor caliente frío vulgar muy hecho/a cocido frito a la plancha limpio sucio	**Comida**
	Servicio
	Interior

Comprenda y escriba

5 Escuche la grabación y ponga en orden las instrucciones de la receta.

☐ En una sartén se pone la mitad del aceite a calentar.

☐ Se echa la cebolla y el tomate.

☐ En un cazo se ponen a cocer los pescados y mariscos.

☐ Se da vueltas con una cuchara de madera.

☐ Se añade el caldo de los pescados.

☐ Se deja en el fuego veinte minutos.

☐ Se machaca el ajo, el perejil y el azafrán con agua.

☐ Se mueve un poco la paellera por las asas para que se reparta el caldo.

☐ Se echa sal.

☐ Después se deja reposar cinco minutos.

☐ En la paellera se pone el resto del aceite y el pimiento. Luego se va echando el calamar, el arroz y el rape.

☐ Se echa la mezcla sobre el arroz.

6 ¿Cómo prefiere el café?

¿Y el té?

solo
con leche
cortado

solo
con leche
con limón

7 Escuche y complete la receta siguiente.

| echar |
| romper |
| batir los huevos |
| dar la vuelta |
| un poco de aceite |
| un poco de sal |

.... en la sartén.

........................los huevos.

.... y se echa ....

Cuando el aceite está caliente

.... en la sartén.

.... a la tortilla.

Y, finalmente, se pone en el plato.

¡Que aproveche!

8 Consulte la pág. 136 **y aprenda las formas del *gerundio* de estos verbos.**

hablar: poner:

leer: lavar:

comer: beber:

medir: dormir:

9

> La construcción *estar* + *gerundio* expresa acciones en el momento en que se habla:
>
> ● Ahora estamos comiendo.
> ● Ayer estuve jugando al tenis.

Úsela en estas frases.

1. Ahora *(él)* no puede coger el teléfono; *(dormir)* ....

2. La semana pasada *(yo / hablar)* .... con ella.

3. ¿Qué *(mirar / tú)* .... ?

4. ¿Dónde *(usted / trabajar)* .... ahora?

5. El otro día, aquellos señores *(preguntar)* .... por el director.

6. ¿*(Tú / aprender)* .... mucho español en este curso?

10 Consulte la pág. 133 **y aprenda las formas *ordinales* del 1 al 10. Diga la forma apropiada en estas frases.**

1. Viven en el (3) .... piso de esta casa.

2. Ésta es la (1) .... vez que estoy aquí.

3. Es la (5) .... calle, a la izquierda.

4. De (1) .... plato hay sopa.

5. La Reina de Inglaterra es Isabel (2) ....

6. Mi apellido es el (10) .... de la lista.

11 **Observe el empleo de *se* en construcciones impersonales.**

> ● Se echa un poco de aceite.
> ● Se rompen los huevos.

Esto es lo que se practica en la actividad 5 y lo que se hace en la actividad 7.

Algunas cosas que usted sabe

1 El camarero enseña el menú y dice...

De primero tenemos ....

Y de segundo, ¿qué prefiere?

¿Qué va a tomar de postre?

¿Para beber?

....

2 Y usted pide...

...., *por favor.*

Prefiero ....

¿Qué hay ....?

¿Qué .... *tienen?*

Yo quiero ....

Tráigame ....

....

3 Sabe opinar sobre la comida.

Está riquísimo/ ....

Muy bueno/ ....

Un poco ....

Demasiado ....

4 Usted da 1.000 pesetas, la cuenta son 600 pesetas, la cajera le da 400 pesetas, eso se llama...

....

....

5 Puede opinar sobre el restaurante, que es...

bonito

elegante

....

....

y sobre el servicio (camareros) que es...

lento

excelente

....

....

6 En una receta se dice muchas veces que...

se pone/n   *la mitad del aceite*

             a cocer los mariscos

....

....

se echa   *la cebolla*

             un poco de sal

....

se deja   ....

se añade   ....

....

....

se mueve   ....

FÓRMULAS SOCIALES
Y DE COMUNICACIÓN

- Pedir aclaraciones lingüísticas.
- Hablar sobre la corrección o incorrección en
- Formas del imperativo.

1 Escuche los diálogos de la cinta y diga las preguntas que se hacen para saber:

Nombre:
Pronunciación:
Escritura:
Significado:

a) —¿Cómo se llama esto en español?

—**Eso es un bolígrafo.**

—¿Cómo dice? ¿Quiere repetir cómo se pronuncia?

—**Bo-lí-gra-fo.**

—¿Cómo se escribe? ¿Con b o con v?

—**Con *b*.**

—Se escribe con acento, ¿no?

—**Sí, lleva acento en la *í*.**

b) —¿Qué significa la palabra RENFE?

—**Significa Red Nacional de los Ferrocarriles Españoles.**

—¿Y qué quiere decir todo eso?

—**Es la compañía de los trenes de España.**

—Ah, muchas gracias.

—**De nada.**

2 Escuche la grabación y relacione las expresiones apropiadas.

1 ¿Qué se dice en español cuando no se entiende algo? ....

2 Usted puede decir que habla español ....

3 No sabe el significado de una palabra y dice ....

4 Usa una palabra en su propia lengua y pregunta ....

5 Señala algo y dice ....

6 Quiere saber cómo se escribe y dice ....

7 Quiere saber las letras de una palabra ....

8 No está seguro cuando se usa una expresión o una
palabra ....

9 No está seguro si algo es correcto ....

10 Olvidó una palabra ....

☐ ¿Cuándo se dice...?

☐ ¿Cómo se llama eso en español?

☐ No me acuerdo cómo se llama / se dice...

☐ No sé si es correcto / si está bien. ¿Me puede corregir,
por favor?

☐ ¿Cómo se dice... en español?

☐ No entiendo bien. ¿Quiere repetir, por favor? ¿Quiere
hablar más despacio, por favor? No hablo muy bien el
español, ¿puede repetir, por favor?

☐ ¿Cómo se escribe?

☐ ¿Cómo se deletrea?

☐ ¿Qué quiere decir? ¿Qué significa?

☐ Puedo entender / hablar / escribir el español / bien /
regular / un poco / algo.

LI·BER·TAR

li·be·ra·li·zar [liβeraliθár] *v/tr* Hacer más libre o dar más libertad a la iniciativa individual o a los grupos privados en la actividad social, económica o cultural: *El Gobierno liberalizó la economía.*
ORT La z cambia en c ante *e: Liberalice.*
ANT Nacionalizar, socializar.

li·be·rar [liβerár] *v/tr* **1.** Poner en libertad a alguien que está preso: *Liberar a un prisionero.* **2.** Dejar a alguien libre de una carga u obligación: *Lo que le gustaría es liberarlo de esa gran responsabilidad.* RPr **Liberar de.**
SIN **1.** Libertar, poner en libertad. **2.** Librar, descargar.
ANT **1.** Apresar.

li·be·ria·no, -a [liβerjáno] *adj* y *s/m,f* De Liberia.

li·bé·rri·mo, -a [liβérrimo, -a] *adj* CULT *superl* de *libre.*

li·ber·tad [liβertáð] *s/f* **1.** Facultad natural de la persona para elegir una vida o conducta propia y de la que, por tanto, es responsable: *Libertad de movimiento/de actuación.* **2.** Estado de libre: *Consiguió la libertad para los prisioneros.* **3.** Falta de prohibición o independencia para algo: *Da demasiada libertad a sus hijos.* **4.** Espontaneidad en el trato: *Tiene libertad para hablarle así.* **5.** Exceso en el uso de familiaridad: *Se toma muchas libertades con mi esposa.* **6.** Abuso de la libertad en algo, que puede rayar en libertinaje: *Hay muchas libertades en la TV.* **7.** Ausencia de etiqueta o formulismos: *Viste con libertad.* LOC **Con libertad** o **con entera libertad,** COL con confianza. **Quitar libertad,** COL cohibir. **Tomarse la libertad,** *1.* Tomar una iniciativa sin contar con alguien con quien se tiene confianza: *Me he tomado la libertad de invitar a estos amigos también. 2.* Tomar una iniciativa: *Me he tomado la libertad de invitarle porque sabía que le iba a gustar.* **Tomarse demasiadas (muchas) libertades,** actuar en el trato de alguien con un grado de confianza o familiaridad que resulta imprudente: *Se está tomando demasiadas libertades con el director.*
SIN **1.** Libre albedrío. **3.** Independencia.
ANT **2.** Esclavitud. **3.** Sujeción, dependencia.
Libertad de cátedra, derecho a enseñar de manera independiente, sin dirigismo estatal o de otro tipo.
Libertad condicional, DER la que en determinados casos se concede a los presos.
Libertad de expresión, libertad de expresarse libremente.
Libertad provisional, la que se concede a los presos en ciertos casos mientras se sigue un proceso.
Libertad religiosa, la libertad de culto religioso.

li·ber·ta·dor, -ra [liβertaðór, -ra] *adj* y *s/m,f* Se aplica a quien liberta: *Los libertadores de la patria.*
SIN Salvador.

li·ber·tar [liβertár] *v/tr* Poner en libertad.
SIN Soltar, rescatar, redimir.

1209

3 Lea este párrafo y complételo con las palabras o expresiones que faltan.

Los saludos normales en español son: *buenos días, buenas tardes,* ....; con frecuencia decimos: *Hola, ¿qué hay?* .... Para presentar a alguien decimos: *Te/le presento a* o bien: *Éste/a es.*

Las personas presentadas pueden decir: *Hola, ¿qué tal?; ¿Cómo estás/está usted? Encantado/a;* ....

Para preguntar cómo está alguien, decimos: *¿Cómo está/s?* o bien *¿qué es de tu vida?* La respuesta puede ser: *Muy bien, gracias y ¿tú/usted?*

Un problema lingüístico en español es cuándo tratar a alguien de tú o de usted. El tutear, o sea................, cada vez está más generalizado. Para despedirnos decimos ...., *hasta la vista, hasta mañana* y, sobre todo, ..., aunque luego no veamos a la persona que se despide.

> tratar de tú
> mucho gusto
> buenas noches
> ¿qué tal?
> hasta luego
> adiós

4 Escriba ahora las diferentes fórmulas sociales que conoce.

saludos

presentaciones

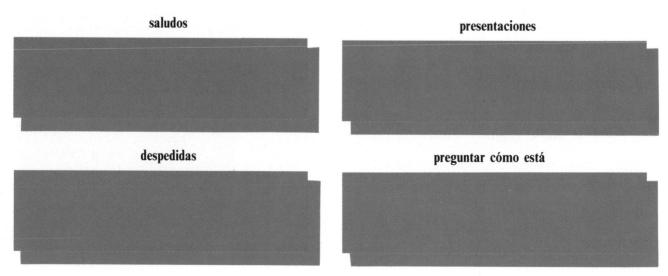

despedidas

preguntar cómo está

5

Las formas del *imperativo familiar* se usan mucho para *ordenar* u *ofrecer* algo (consulte la pág. 140), frecuentemente acompañadas de la expresión *por favor:*

> ¡Toma esto! (por favor)
> ¡Hablad más alto (por favor)! ¡No os entiendo!

Observe, sin embargo, que, en conversación, se suele usar el infinitivo para sustituir a las formas del plural, sobre todo en los verbos reflexivos o pronominales:

> *irse:* ¡Iros a la ·cama!
> *levantarse:* ¡Levantaros temprano!
> *lavarse:* ¡Lavaros la cara y la manos!

Forme frases de imperativo con estos elementos.

1. comer / un poco más (singular)
2. pronunciar / esa palabra / otra vez / por favor (plural)
3. escribir / lo / en la pizarra (singular)
4. pedir / un poco más de agua / por favor (plural)
5. poner / la mesa / en seguida / por favor (singular)
6. tener / esta carta (singular)

Observe que *un-a* no se usa nunca delante de *otro, ciento* y *mil.*

> ¿Tienes otro libro?
> Son ciento cincuenta ptas.
> Esto cuesta mil ptas.

Observe que los adjetivos

- *bueno, malo* y *santo,* se acortan a *buen, mal* y *san* delante de sustantivos masculinos en singular:

> Un buen negocio.
> Un mal día.
> San Antonio.

- *grande* se acorta a *gran* delante de sustantivos masc. o fem. en singular:

> El gran pintor.
> La gran artista.

6

Una forma más suave de imperativo es usar los verbos *querer* o *poder* en preguntas:

> ¡Ven aquí! = ¿Quieres venir aquí?
> ¡Haz esto! = ¿Puedes hacer esto?

Sustituya como en los ejemplos.

1. ¡Escucha la cinta! = ¿ _____ ?
2. ¡Llamad al portero! = ¿_____ ?
3. ¡Niño, saluda a esta señora! = ¿ _____ ?
4. ¡Dime qué hora es! = ¿ _____ ?
5. ¡Sal de ahí en seguida! = ¿ _____ ?
6. ¡Callaos, por favor! = ¿ _____ ?

Algunas cosas que usted sabe

1 **Cuando no entiende algo, dice...**

No entiendo bien.

¿Quiere repetir, por favor?

¿Quiere hablar más despacio, por favor?

¿Qué quiere decir .... ?

¿Qué significa .... ?

2 **Si no se acuerda de una palabra o no la sabe.**

¿Cómo se llama eso en español?

¿Cómo se dice.. *en español?*

No me acuerdo cómo se llama ....

3 **No está seguro de si algo es correcto.**

No sé si es correcto.

No sé si está bien.

¿Me puede corregir, por favor?

¿Cuándo se dice .... ?

....

4 **Para presentar a alguien decimos...**

Te presento a ....

Éste/a es..

5 **La persona presentada puede decir...**

Encantado/a.

Mucho gusto.

Hola, ¿qué tal?

6 **Tutear es igual a**...

7 **A alguien de la misma edad se le trata de** ......

8 **Con mucha frecuencia decimos *hasta luego*, aunque...**

....

LECCIÓN 9

COMPRAS (I)

- Pedir y dar información sobre compras.
- Preguntar pareceres.
- Dar opiniones.
- Manifestar preferencias.
- Hablar de precios.

- El pretérito perfecto.
- *Hace* + expresión de tiempo.

Entienda y hable

1 Escuche la cinta y complete la información.

a) —Por favor, señorita, ¿dónde puedo encontrar faldas de lana?
—**Confección de señoras, cuarta planta.**

La señora desea faldas de
- lana ☐
- algodón ☐
- cuero ☐

¿En qué planta las va a encontrar? ....

b) —¿Me puede decir dónde está el departamento de ropa de niños?
—**El departamento de niños está en la segunda planta. Si ya son algo mayores puede ir al departamento de juventud y deportes, en la quinta planta.**

¿Qué departamento busca la señora? ....

Y en la quinta planta, ¿que hay? ....

c) —¿Dónde puedo ver bolsos de señora y carteras de cuero para señor?
—**Los artículos de piel para señora están en la cuarta planta y los de caballero en la tercera.**

¿Qué quiere ver la señora?

¿Qué hay en la tercera planta?

d) —*Altavoz:* En nuestra tienda de oportunidades en la séptima planta puede usted encontrar todo tipo de artículos muy rebajados de precio.

¿Dónde está la tienda de oportunidades? ....

¿Qué artículos se venden allí? ....

e) —*Altavoz:* Se ruega a los padres de la niña Pepi García que vayan a recogerla a la planta baja.

¿Dónde está la niña? ....

¿Cómo se llama? ....

f) — *Altavoz:* Se ruega al propietario del vehículo M-3608-
X acuda urgentemente al aparcamiento.

¿Dónde hay que ir?..

¿Se acuerda de la matrícula del coche? ....

2 **Escuche la cinta y relacione adecuadamente los diálogos.**

a)

1 ¿Qué talla son estos pantalones?

2 ¿Puedo probármelos?

3 Me parece que están un poco largos

4 ¿No le parecen un poco anchos?

5 Mejor, los prefiero algo más estrechos.

☐ **Naturalmente, señor, ahí tiene el probador, a la izquierda.**

☐ **No hay problema, señor. Se los podemos acortar un poco.**

☐ **Mire, aquí está, es la 46.**

☐ **De acuerdo, señor. Voy a tomar nota.**

☐ **Se llevan así, es la moda. Pero si quiere, también se los podemos estrechar un poco.**

b)

1 ¿Qué tal me queda esta falda?

2 Pues está bien de precio; a mí me parece barata.

3 Sí, voy a quitármela y me pongo esta otra.

4 Yo creo que me aprieta un poco.

5 ¿Tú crees que me sienta bien?

☐ **Claro que sí, te sienta estupendamente.**

☐ **No, no creo que te apriete.**

☐ **Un poco grande. Es un 44 y tu talla es el 40.**

☐ **Ésta te queda mejor.**

☐ **No es cara, pero no te sienta bien. Pruébate otras.**

3 **¿Qué dicen?**

Va a comprarse una chaqueta en unos grandes almacenes.

- Pregunta donde están las chaquetas: ¿.............................?
- Espera que le digan:...
- Pregunta la talla: ¿...?
- Quiere probársela: ¿...?
- Le van a decir:..
- Le parece un poco larga de mangas:................................
- Le pueden decir:...
- También le parece un poco ancha:...................................
- Le pueden decir:...

Comprenda y escriba

4 Indique a qué plantas de unos grandes almacenes hay que ir para comprar los artículos del recuadro.

1 SÓTANO. Hogar/Menaje. Cristalería. Cubertería. Vajillas. Electrodomésticos.

2 PLANTA BAJA. Perfumería. Cosmética. Librería. Medias. Bolsos. Sombreros.

3 PRIMERA PLANTA. Hogar/Textil. Mantelerías. Toallas. Alfombras. Ropa de cama y mesa. Zapatería.

4 SEGUNDA PLANTA. Caballeros. Confección. Ante y piel. Ropa interior. Artículos de viaje.

5 TERCERA PLANTA. Niños-Niñas (4-14 años). Bebés. Zapatería.

6 CUARTA PLANTA. Señoras. Confección. Punto. Peletería. Corsetería.

7 QUINTA PLANTA. Juventud. Tienda vaquera. Punto.

8 SEXTA PLANTA. Deportes. Muebles de terraza y jardín. Supermercado.

Camisa ☐ Pantalones vaqueros ☐ Falda ☐ Calcetines ☐ Medias ☐ Ropa de niño pequeño ☐ Abrigo de piel ☐ Vasos ☐ Lavadora ☐ Balón ☐ Jersey ☐ Gorra ☐ Crema de afeitar ☐ Perfume ☐

5 Rellene los datos siguientes para obtener una tarjeta de compras.

Nombre del Banco _____ Dirección_____

Nombre y apellidos_____

DNI/Tarjeta de Residente/Pasaporte _____

Fecha de nacimiento _____ Sexo_____

Domicilio_____ Código postal_____

Estado civil: soltero ☐ separado ☐ divorciado ☐ viudo ☐

Ingresos brutos anuales unidad familiar

1. Hasta 1,6 m. ☐   4. De 4 a 6 ☐

2. De 1,6 a 2 ☐   5. De 6 a 8 ☐

3. De 2 a 4 ☐   6. Más de 8 ☐

Antigüedad en la empresa

1. Menos de 6 meses ☐   3. Entre 1 y 2 años ☐

2. Entre 6 meses y 1 año ☐   4. Más de 2 años ☐

Tipo de empresa

Privada ☐   Pública ☐   Cuenta propia ☐

Situación vivienda habitual

1. Propia ☐   2. Alquilada ☐   3. Otras ☐

¿Tiene otras tarjetas de crédito? ☐

60

6 Aprenda las formas regulares e irregulares del *participio pasado* (consulte la pág. 137) y escriba las correspondientes a estos verbos.

vivir:.............. poner:.............. decir:.............. ir:.............. descubrir:..............

ganar:.............. escribir:.............. ver:.............. romper:.............. hablar..............

saber:.............. ser:.............. hacer:.............. abrir:.............. volver:..............

7 El presente del verbo *haber* (*he, has, ha, hemos, habéis, han*) se combina con el participio pasado para expresar acciones pasadas. Este tiempo verbal (*pretérito perfecto*) es muy frecuente en preguntas (con *alguna vez*) y también para referirse a un pasado cuyos efectos se mantienen presentes en la mente del hablante:

¿Has estado alguna vez en Brasil?
Esta mañana *he hecho* muy bien el examen.

Ponga el infinitivo en la forma adecuada del pretérito perfecto.

1. Alguien *(preguntar)* .... por usted.
2. ¿Tú *(ver)* .... alguna vez una cosa igual?
3. ¿Quién *(llamar)* ....?
4. ¿*(Vosotros/pedir)*.............. la cuenta?
5. Ya *(yo/escribir)* .... la carta.
6. Todavía no *(ellos/volver)* ....

8 Observe que la fórmula *hace + expresión de tiempo* se refiere también a tiempo pasado y se puede usar para contestar a las preguntas:

¿Cuándo .... (estuviste allí)?
¿Desde cuándo ....?
¿Cuánto tiempo hace que ....?

hace + { un minuto / dos días / cuatro años / un rato / tres meses / etc.

Conteste a estas preguntas.

¿Cuándo has vuelto de tu viaje? ....
¿Cuánto tiempo hace que estudia usted español? ....
¿Cuándo te compraste ese jersey? ....
¿Cuándo has terminado de comer? ....
¿Cuánto tiempo hace que estuvisteis en España? ....

Algunas cosas que usted sabe

1 **Preguntar dónde hay algo en unos grandes almacenes.**

Por favor, ¿dónde puedo encontrar .... *?*

¿Me puede decir dónde está .... *?*

¿Dónde puedo ver .... *?*

2 **Indicar acciones sobre las prendas de vestir.**

¿Puedo probármelos?

Voy a quitármela.

Me pongo esta otra.

Se las podemos acortar un poco.

También se los podemos estrechar.

3 **Preguntar el parecer a alguien.**

¿Qué tal me queda?

¿Tú crees que me sienta bien?

¿No le parecen un poco .... *?*

4 **Opinar sobre cómo le queda algo.**

Me parece que están ....

Yo creo que ....

No, no creo que ....

Un poco grande.

Te sienta estupendamente.

No te sienta bien.

5 **Manifestar preferencia.**

Lo prefiero algo más ....

Ésta le queda mejor.

6 **Hablar sobre el precio.**

Está bien de precio, a mí me parece barata.

No es caro.

LECCIÓN 10

COMPRAS (II)

- Dar indicaciones sobre lo que se quiere comprar.
- Preguntar y entender precios.
- Comparaciones.
- Uso de preposiciones.

Entienda y hable

1 Escuche la grabación; preste atención especialmente a...

● Qué busca el cliente.

● Qué conoce el cliente.

● En qué idioma está el título.

● Qué quiere el cliente.

● Cuál es el precio.

● ¿Lo compra o no?

éstas son las palabras que faltan

caro
1.800 pesetas
escucharlo
español
título
disco

—Estoy buscando el último .... de Mecano. ¿Lo tienen ustedes?

—**¿Conoce usted el**..?

—Pues no, no sé. Sólo sé que está en .... , claro.

—**Vamos a ver... ¿Es éste?**

—No estoy seguro. ¿Puedo..?

—**Sí, claro. Póngase estos auriculares.**

—Sí, sí, éste es.

—**¿Lo quiere en disco o en cinta?**

—No sé... ¿Cuánto vale?

—**Son** ....

—¡Uf! Demasiado ....

Ahora ponga una X en el recuadro apropiado.

a) El cliente quiere: ☐ un disco de música clásica
☐ un disco antiguo
☐ un disco de música moderna

d) El cliente quiere: ☐ escucharlo
☐ comprarlo
☐ ver el título

b) El cliente conoce: ☐ el título
☐ el intérprete
☐ el precio

e) El precio es de: ☐ 4.000 pesetas.
☐ 3.500 pesetas.
☐ 1.800 pesetas.

c) El título está en: ☐ inglés
☐ francés
☐ español

f) El cliente: ☐ lo compra
☐ no se lo lleva

2 Escuche los diálogos siguientes. Preste especial atención a las expresiones que se destacan en el texto.

pescadería

—*¿A cómo está* este pescado, por favor?
—**Es merluza, muy buena, señora, a 1.500 el kilo.**
—Bueno, *póngame* unas rodajas, como tres cuartos de kilo.
—**Aquí tiene, señora, tres cuartos, a 1.500 el kilo, son 1.125 pesetas.**

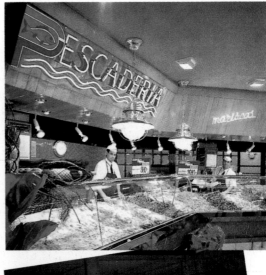

carnicería

—*¿Qué vale* esta carne?
—**Muy buena la carne. Le salen unos bistés excelentes; 1.700 pesetas.**
—*Voy a llevarme* medio kilo. *¿Qué le doy?*
—**Pues... 850 el medio kilo. Muchas gracias.**

frutas y verduras

—*¿A cuánto están* las patatas?
—**A 40 pesetas.**
—*Póngame* cuatro kilos. *¿Me cobra,* por favor?
—**Muy bien, señora, cuatro kilos son 160 pesetas.**

—*Me va a poner* dos de naranjas, uno de manzanas, dos de peras y uno de plátanos. *¿Me dice qué es? ¿Qué le debo?*
—**Vamos a ver: dos de naranjas a 140 son 280 pesetas; uno de manzanas a 120, dos de peras a 150 son 300 y uno de plátanos a 160, total 860 pesetas solamente. Muchas gracias, señora.**

Haga ahora las preguntas correspondientes del diálogo.

.... —Es merluza, muy buena, señora, a 1.500 el kilo.

.... —Aquí tiene, señora, tres cuartos, a 1.500 el kilo, son 1.125 pesetas.

.... —Muy buena la carne. Le salen unos bistés excelentes; 1.700 pesetas.

.... —Pues, 850 pesetas el medio kilo. Muchas gracias.

.... —A 40 pesetas.

.... —Cuatro kilos son 160 pesetas.

.... —Vamos a ver: dos de naranjas a 140 son 280 pesetas; uno de manzanas a 120, dos de peras a 150 son 300 y uno de plátanos a 160, total 860 pesetas solamente. Muchas gracias, señora.

puede utilizar

¿A cómo está(n)...?
¿Qué vale...?
¿A cuánto está(n)...?
¿Cuánto es?
¿Qué le doy?
¿Me cobra, por favor?
¿Me dice qué es, por favor?
Póngame/Voy a llevarme/Me va a poner...

un
tarde
u
competencia
la
estos
en
el
almacenes
el
supone
no
horario
la

3 **Coloque las palabras que faltan en el texto.**

En España, la mayoría de las tiendas tienen todavía .... horario partido. Abren a las 9 ó 9.30 de .... mañana hasta las 13.30 ó 14.00 horas. Por la .... funcionan desde las 4 ó 4.30 hasta las 8 .... 8.30. Se discute mucho este horario comercial. Los grandes .... no cierran a mediodía y esto es una gran .... para los pequeños comerciantes, pero es difícil que el .... de las tiendas normales cambie. Para los propietarios de .... negocios, en muchos casos empresas familiares, un horario continuado .... un aumento de gastos de personal y un cambio .... las condiciones de vida. No parece que puedan soportar .... gasto o decidirse a cambiar su sistema de vida; .... público sí desea que su horario de trabajo normal .... coincida con las horas del comercio para poder tener .... facilidad de compra que existe en otros países.

4 **Haga una lista de las cosas que puede comprar en...**

una pastelería ....
una perfumería ....
una librería ....
una zapatería ....
una pescadería ....
una panadería ....
un estanco ....
una tienda de ultramarinos ....
una ferretería ....

aquí tiene algunas

libros
tabaco y sellos
pescado
herramientas
pasteles
zapatos
productos alimenticios
colonia y jabón
pan

5 **Escriba ahora las prendas de vestir que tiene usted de los colores que se indican.**

blanco	negro	gris	azul	verde	rojo	amarillo	marrón

6 Consulte la pág. 131 **y observe.**

(+) *más + sust./adj./adv. + que*: { Trabajo más horas que usted
Esto es más caro que eso

(−) *menos + sust./adj./adv. + que*: { Estoy menos cansado que tú.
Necesito menos dinero que vosotros.

(=) *tan + adj./adv. + como*: Estoy tan cansado como tú.

(=) *tanto/a/os/as + sust. + como*: Conoce tantos países como yo.

Forme frases comparativas con estos elementos:

1. Mi casa / estar / lejos / (=) / la tuya / ....
2. Este ordenador / ser / caro / (+) / aquel / ....
3. El disco / ser / moderno / (−) / la película/ ....
4. (Yo) tener / amigos / (=) / tú / ....
5. La falda de algodón / ser / barata / (+) / la de seda / ....

7

Observe:

(+) más bueno/s = *mejor/es*
(+) más malo/s = *peor/es*
(+) grande/s = *mayor/es*
(+) viejo/s
(+) pequeño/s = *menor/es*
(+) joven/es

Sustituya por la forma más corta.

1. Yo soy *más bueno* que ella ....
2. Tiene hermanos *más jóvenes* ....
3. La situación ahora es *más mala* ....
4. Mi padre es *más viejo* que mi madre ....
5. El pescado es *más bueno* que la carne ....

8

Observe:

(+) verbo + *más que...*
(−) verbo + *menos que...*
(=) verbo + *tanto como...*

● Fuma más que yo.
● Fuma menos que yo.
● Fuma tanto como yo.

Forme frases similares a los ejemplos con estos verbos.

1. Trabajar (−) ....
2. Dormir (+) ....
3. Costar (=) ....
4. Viajar (−) ....
5. Hablar (+) ....
6. Estudiar (=) ....

9 **Ahora ponga la preposición adecuada.**

Observe el uso de estas preposiciones.

● Las tiendas están abiertas *de* nueve *a* dos.
● Me levanto *a* las nueve.
● Hizo el viaje *en* primavera.
● Abren *desde* las cuatro *hasta* las ocho.
● Dos de peras *a* 150 pesetas.
● ¿*A* cómo está el pescado?

1. Trabajo .... lunes .... viernes.
2. .... verano vamos a la playa.
3. Hemos quedado .... las cuatro .... la tarde.
4. ¿Nos vemos .... la hora .... de comer?
5. Las rebajas son .... enero.
6. ¿............ cuánto están las naranjas?
7. .... 1.500 el kilo.

Algunas cosas que usted sabe

1 **Dar indicaciones sobre lo que se busca en una tienda.**

Estoy buscando ....

Sólo sé que ....

No estoy seguro, ¿puedo ....?

2 **Preguntar precios.**

¿A cómo/cuánto está/n ....?

¿Cuánto/qué vale ....?

3 **Preguntar lo que debe pagar.**

¿Qué le doy?

¿Me cobra, por favor?

¿Me dice qué es?

¿Qué le debo?

¿Cuánto es?

4 **Indicar lo que quiere llevar.**

Póngame ....

Voy a llevarme ....

Me va a poner ....

5 **Entender los precios.**

.... *a* .... *el kilo.*

Tres cuartos, a .... *el kilo, son* ....

.... *el medio kilo.*

.... *kilos, son* ....

.... *de* .... *a* .... ,

son ....; .... *de* ....

a ...., *total* .... *pesetas.*

6 **Dónde y qué comprar.**

Los sellos se compran en Correos y en ....

En las tiendas de ultramarinos compramos ....

....

....

....

En las ferreterías se compra ....

....

Cremas, lápices de labios, pinturas de uñas, productos para antes y después de afeitarse se compran

en ....

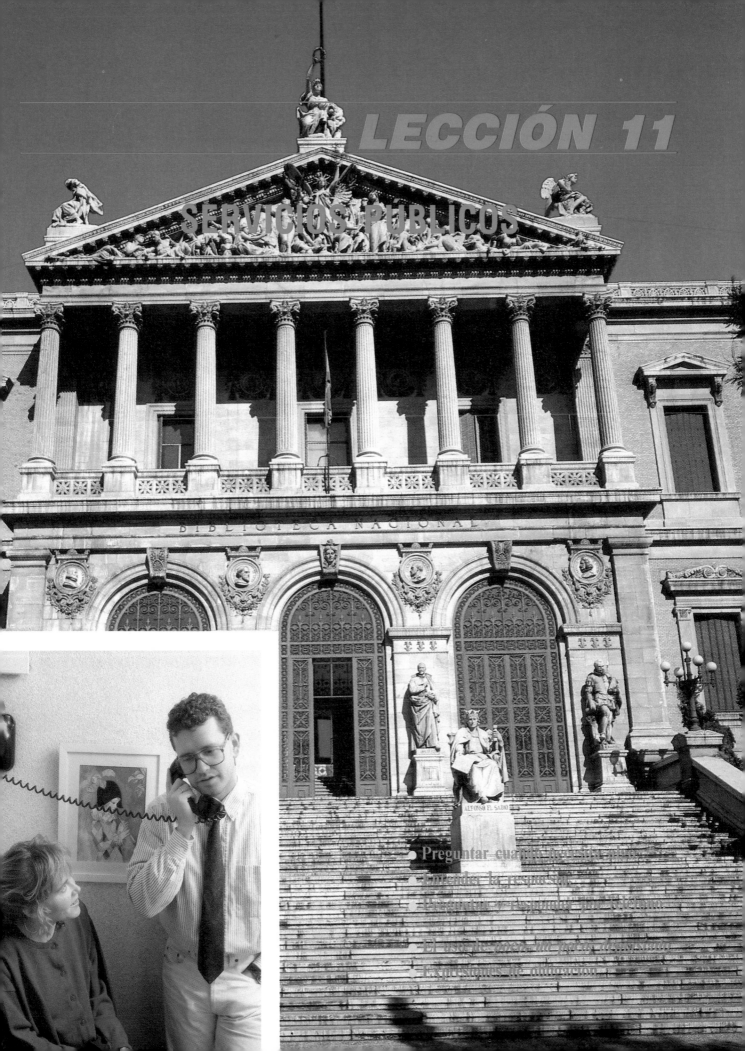

SERVICIOS PÚBLICOS

- Preguntar cuando necesitamos algo
- Entender la respuesta
- Preguntar y responder por teléfono
- El uso de *poca* de *agua* demasiado
- Expresiones de admiración

Fíjese en el significado de las palabras de esta lista.

tarjeta postal
postal exprés
impreso
paquete
buzón
ventanilla
carta
sellos
correo
estanco
giro

1 Escuche los diálogos y complételos con las palabras anteriores.

¿Dónde hay sellos?

—Por favor, ¿dónde puedo comprar ....?

—Hay una oficina de...

a 100 metros de aquí. También tiene usted un ....

a la vuelta de la esquina.

En el estanco

—Quería dos sellos para Alemania, por favor.

—¿........................ o ....?

—Para carta, por favor. ¿Cuánto es?

—**Aquí tiene, dos sellos de 45 pesetas para Alemania.**

Son 90 pesetas.

—¿Dónde puedo echar las cartas, por favor?

—**Mire, cruce la calle y ahí enfrente tiene un** ....

Envío de paquetes

—Quería mandar este .... urgente.

—**Lo mejor es el servicio de**...

Giro postal o telegráfico

—¿Puede decirme qué tengo que hacer para enviar

dinero?

—**Tiene que hacer un** .... **Compre el** .... **en**

la .... **23. Lo rellena y vuelve aquí.**

2 **Escuche la grabación y complete los diálogos con las expresiones de la lista.**

a) —¿Puedo hablar con Fredy, por favor?

....

—Soy Angelines.

....

b) —¿Sí? ¿Dígame?

....

—Lo siento, pero todavía no llegó.

....

—Sobre las once. ¿Quiere dejar algún recado?

....

c) —Quería una conferencia con Málaga.

....

—¿Ya está?

....

—Ya, ya, claro. Muchas gracias.

- ¡Oiga! Por favor, ¿está María?
- Espera un momento; ahora se pone.
- Bueno, luego tiene que marcar el número del abonado.
- Para llamar a Málaga tiene que marcar el prefijo 952.
- Sí, por favor, dígale que la llamó Blanca.
- ¿De parte de quién?
- ¿Sabe cuándo llegará?

3 **Después de hacer el apartado *Comprenda y escriba* (actividades 4 y 5) explique ahora cómo llamar a Francia.**

1. (Descolgar) ....

2. (Introducir) ....

3. (Escuchar) ....

4. (Marcar) ....

Utilice

hay que
debes
tienes que
imperativo

- TECLA DE IDIOMA 🌐
  Pulsándola sucesivamente el usuario puede elegir el idioma en el que aparecerán los mensajes en pantalla de entre los que tenga grabados.

  Este aparato tiene capacidad para grabar hasta 8 idiomas, pudiendo seleccionar simultáneamente un máximo de cinco.

Comprenda y escriba

Para hacer una llamada desde una cabina, se descuelga el teléfono y se introducen las monedas. Al escuchar el tono, se marca el número deseado. Si el teléfono comunica, suena, pero no lo cogen, o nos contestan que allí no es y que nos equivocamos de número, hay que consultar otra vez la guía telefónica y volver a intentarlo. Las comunicaciones telefónicas pueden ser urbanas, interurbanas o internacionales. Si llamamos a una provincia distinta, hay que marcar el prefijo correspondiente; si la llamada es internacional, se marca el 07, luego el número del país y después el número del abonado.

4 **Lea el párrafo y complete el ejercicio.**

1. **¿Cuál es el orden?**
   - Introducir las monedas ☐
   - Descolgar el teléfono ☐
   - Marcar el número ☐

2. **No conseguimos comunicar porque...**
   a) El teléfono ....
   b) Sí suena, pero...
   c) .... y entonces tenemos que ....

3. **Las comunicaciones telefónicas...**
   en la misma ciudad son .... de una provincia
   a otra .... y de un país a otro ....

5 **¿Qué tiene que hacer?**

Explique a un amigo, por escrito, cómo se llama a Francia (33) desde un cabina pública. Utilice: *hay que / debes / tienes que / imperativo.*

1. (teléfono). 2. (monedas). 3. (tono). 4. (prefijo internacional). 5. (número del país). 6. (número del abonado). 7. Si comunica... 8. Si no contestan... 9. Si te equivocas de número...

....
....
....
....
....

6 **Lea el párrafo y conteste lo que hay que hacer.**

¿Qué debe hacer?

Utilice

hay que / debe / tiene que

(problema) ....
(lugar) ....
(teléfono) ....
(instrucciones) ....
(denuncia) ....

Guía de seguridad

La policía está siempre a su disposición. Si tiene algún problema, llámenos:

- Asegúrese del lugar donde se encuentra.
- Llame a cualquiera de los teléfonos que se indican.
- Siga las instrucciones que se le den.
- Para denunciar algo, en la comisaría de policía hay impresos en su idioma.

7 Fíjese cómo hablamos de las personas.

Observe:

poco: Eres poco simpática.
un poco/algo: Miguel es un poco/algo antipático.
demasiado: Sois demasiado antipáticos.
bastante: Esas chicas son bastante simpáticas.
muy: Es muy simpático.

Fíjese en algunos adjetivos:

amable
simpático   ≠ antipático
agradable ≠ desagradable
tranquilo ≠ nervioso
activo ≠ perezoso/vago
alegre ≠ triste
feliz ≠ infeliz/desgraciado
guapo ≠ feo
tranquilo ≠ inquieto
aburrido ≠ divertido

Complete:

1. Soy bastante nervioso. No soy una persona ....
2. Eres demasiado vago. No eres un chico........................
3. Luisa es muy alegre. No es (nada) ....
4. Son poco simpáticos, o mejor, bastante ....
5. Sois muy guapas. No sois nada ....

8 Y ahora fíjese en la diferencia:

Es muy animado (siempre)
Está muy animado (ahora)

Termine las frases.

● Marta está hoy muy simpática, pero, en general, ...
● Casi siempre es bastante desagradable, pero últimamente ....
● Los niños están ahora tranquilos, pero durante el día ....
● Estamos algo aburridos, pero generalmente........................
● Es una niña muy guapa, pero con ese vestido ....

9 Fíjese en las expresiones de obligación:

Hay que descolgar el teléfono.
Debes marcar el número.
Tiene que volver a intentarlo.

Algunas cosas que usted sabe

1 **Preguntar cuando necesita algo.**

¿Dónde puedo .... *?*

Quería ....

¿Puede decirme qué tengo que hacer para .... *?*

2 **Entender la respuesta.**

Hay una .... *a 100 metros.*

También tiene usted un .... *a la vuelta de la esquina.*

Cruce la calle y ....

Lo mejor es el servicio de ....

Tiene que .... *. Compre* ....

3 **Preguntar por alguien por teléfono.**

¿Puedo hablar con .... *?*

¡Oiga! Por favor, ¿está .... *?*

4 **Contestar.**

Espera un momento, ahora se pone.

¿De parte de quién?

Lo siento, pero todavía no llegó.

¿Quiere dejar algún recado?

5 **Para llamar por teléfono.**

Hay que .... *el teléfono.*

Hay que .... *las monedas.*

Tienes que .... *el número.*

Si te equivocas, debes ....

• Preguntar y hablar sobre lo que le pasa a uno.
• Indicar lo que se puede o hay que hacer.
• Fórmulas de consejos y prohibiciones.
• Hay que...

1 Escuche el diálogo y subraye las partes del cuerpo humano que se mencionan.

—Buenos días, doctor.

—**Buenos días. Vamos a ver, dígame qué le ocurre.**

—No me encuentro bien, doctor. Querría una revisión general.

—**Bien, dígame qué le pasa, cómo se encuentra.**

—Me duele todo el cuerpo.

—**¿Dónde exactamente?**

—La cabeza. Me duele mucho la cabeza.

—**A ver, la temperatura está bien. No tiene fiebre.**

—Me parece que ahora no veo bien.

—**¿Usa usted gafas?**

—No, no, hasta ahora, no.

—**Pues hay que cuidar los ojos. Tendrá que ir a un oculista. ¿Tiene más dolores?**

—Bueno, también me duelen las muelas.

—**Vamos a ver; claro, aquí tiene algo hinchada la cara. Hay que tener mucho cuidado con la boca.**

—¿Cree usted que debo ir al dentista?

—**Claro, eso es lo que le ocurre. Le voy a recetar un calmante y debe ir inmediatamente al dentista.**

2 Vuelva a escucharlo y marque lo que le ocurre al enfermo.

☐ le duelen las muelas

tiene ⎧ ☐ fiebre
     ⎨ ☐ gripe
     ⎩ ☐ dolor de cabeza

☐ está resfriado

☐ le duele todo el cuerpo

☐ usa gafas

☐ debe ir al oculista

☐ tiene que ir al dentista

3 Escuche el diálogo y una correctamente ambas columnas.

[1] ¿Qué te pasa?

[2] A ver, cuéntame.

[3] Eso es que estás cansada y tienes sueño.

[4] ¿Te duele algo?

[5] ¿Cómo que no sabes?

[6] Pues tómate una aspirina y métete en la cama.

[7] Entonces vámonos a la peluquería a arreglarnos el pelo.

[8] Y luego al cine a ver una buena película.

☐ Una idea buenísima. Creo que ya estoy bien.

☐ No es mala idea. Me encuentro mejor.

☐ No me apetece. No tengo ganas de eso.

☐ No sé, me encuentro mal.

☐ No tengo ganas de nada.

☐ No sé.

☐ No, no sé qué me pasa y no sé qué hacer.

☐ No, no tengo sueño. Unas veces tengo calor, otras frío.

4 Fíjese en el siguiente resumen.

La segunda persona de este diálogo dice que no sabe qué le pasa, que se encuentra mal y no tiene ganas de nada. No tiene sueño; unas veces tiene calor, otras frío, no sabe qué hacer, no le apetece meterse en la cama. No le parece mala idea ir a la peluquería, se encuentra mejor. Ir al cine le parece una idea buenísima y cree que ya está bien.

Ahora, sin mirar el ejercicio 3, haga preguntas y respuestas. Se tratan de usted.

¿Qué le pasa a usted?   *No sé qué me pasa.*

....   _____

....   _____

....   _____

5 Explique todos los síntomas del enfermo del ejercicio 1.

....

....

....

....

....

Comprenda y escriba

nombres

elevación (femenino)
síntoma (masculino)
temperatura
termómetro

artículos

del
la
un
los

verbos

va
hay
preocuparse
ser
avisar

adjetivo: 38

adverbios: no (2)
ya

preposiciones: a
de (2)

conjunción: y

6 **Coloque estas palabras en el lugar adecuado.**

La fiebre es una .... anormal de la temperatura
.... cuerpo humano y un .... de que algo
no .... bien, es un aviso .... una posible
enfermedad. La .... suele estar en torno
.... los 36,5 grados centígrados; .... temperatura baja o
sube .... poco según las horas............. según las personas.
No .... que tener miedo a .... cambios leves de
temperatura, ... suelen tener importancia y ....
hace falta ponerse el .... A partir de los ....
grados ya hay que........................... más y, desde luego, ...
39 a 40 grados .... es fiebre alta, puede ....
peligroso y hay que .... al médico.

7 **Escriba ahora.**

1. Los nombres que ha colocado con las palabras que llevan delante.

....

....

2. Los artículos con la palabra que llevan detrás.

....

....

3. Los verbos con las palabras que llevan delante y detrás.

....

....

4. El adjetivo, los adverbios, las preposiciones y la conjunción con la palabra que llevan detrás.

....

....

8 **Escriba las expresiones sobre la salud...**

del paciente de la actividad 1.

....

....

....

¿Qué expresión repite más?

....

de la joven de la actividad 3.

....

¿Qué expresión repite más?

....

¿Qué expresiones son positivas?

....

9 Fíjese en el uso del *imperativo negativo* para dar consejos o prohibiciones.

> (sing.) ¡No fumes/fume usted!
> (pl.) ¡No gritéis/griten ustedes!

Haga lo mismo.

1. (Usted) no *hacerme* daño = ...
2. (Tú) no *hacer* eso = ...
3. (Vosotros) no *beber* agua muy fría = ...
4. (Ustedes) no *correr* tanto = ...
5. (Ustedes) no *trabajar* tanto = ...
6. (Tú) no *acostarte* tan tarde = ...

10 Observe estas otras fórmulas para dar consejos o advertencias.

> - *¡Cuidado con...!* (¡Cuidado con los coches!)
> - *¡Ojo con...!* (¡Ojo con el sol!)
> - *¿Por qué no* + verbo? (¿Por qué no te tomas una aspirina?
> - *Tienes/tiene usted* que + infinitivo (Tiene usted que tomar esta medicina)
> - *Debes/debe usted* + infinitivo (Debe usted meterse en la cama)

Ahora advierta o dé consejos sobre...

- el alcohol
- fumar
- conducir (más despacio)
- trabajar (demasiado)
- hacer ejercicio físico

11 Fíjese en el uso de *hay* y *está(n)*

> - *¿Hay* alguien ahí? - No, no *hay* nadie/Sí, *hay* un señor.
> - Aquí *hay* mucha gente.
> - En la puerta *hay* dos señoras.
> - Las dos señoras *están* en la puerta.
> - En el banco *hay* dinero ≠ El dinero *está* en el banco.

Ponga la forma adecuada.

- ¿Qué .... aquí?
- Aquí no .... nada.
- La medicina .... en la mesa.
- ¿Cuántos pacientes .... en la sala?
- ¿..................... el señor González? No, no ....
- ¿Dónde .... una farmacia?
- ¿Dónde .... las aspirinas?

Algunas cosas que usted sabe

1 **Preguntar qué le ocurre a alguien.**

¿Qué te pasa?

A ver, cuéntame.

¿Te duele algo?

Dígame qué le ocurre.

Dígame qué le pasa.

¿Cómo se encuentra?

¿Tiene más dolores?

3 **Indicar lo que se puede o hay que hacer.**

Hay que cuidar los ojos.

Tendrá que ir a un oculista.

Hay que tener mucho cuidado con la boca.

Debe ir inmediatamente al dentista.

Tómate una aspirina y métete en la cama.

Vámonos a la peluquería.

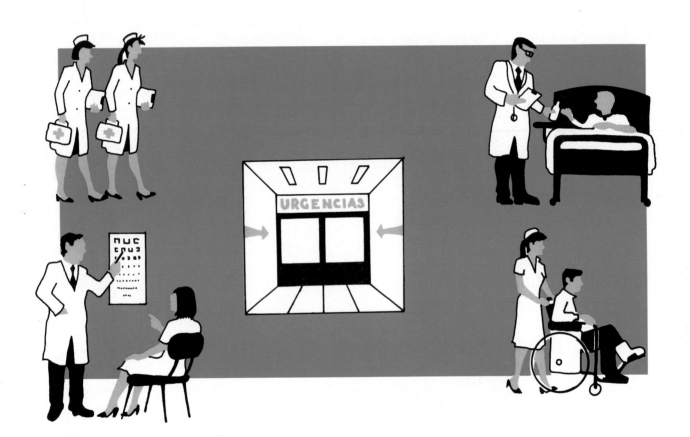

2 **Hablar sobre qué le pasa a uno.**

No me encuentro bien/Me encuentro mal.

Me duele todo el cuerpo.

Me duele mucho la cabeza.

Me parece que no veo bien.

No tengo ganas de nada/de eso.

No sé que me pasa y no sé qué hacer.

No tengo sueño. Unas veces tengo calor, otras frío.

LECCIÓN 13

ESTUDIOS Y EDUCACIÓN

- Preguntar y responder sobre horarios.
- Preguntar pareceres y dar opiniones sobre gustos, preferencias y comparaciones.
- El imperfecto de los verbos.
- Fórmulas de persuasión o sugerencia.

Entienda y hable

1 Escuche la grabación y señale las respuestas adecuadas a las preguntas.

1 Manolo, ¿tú que tienes de 9 a 10?

2 ¿Y los martes y jueves?

3 Pepe, ¿tú cuándo tienes Idioma?

4 ¿Qué idioma estudias?

5 María Jesús, ¿tú también estudias inglés?

6 ¿Y a qué hora lo tienes?

7 Carmen, ¿Qué clase tienes de 11,30 a 12,30?

8 Y los martes y jueves, ¿qué tenéis?

9 ¿Tenéis también Religión?

10 ¿Cuántos días a la semana?

11 ¿Y los martes a última hora?

12 ¿Y los viernes de 12,30 a 13,30?

☐ ¡Uf! Los viernes a última hora tenemos libre. Ya empieza el fin de semana.

☐ Los martes y jueves tengo Geografía e Historia.

☐ Lunes, miércoles y viernes de 10 a 11.

☐ Los lunes, miércoles y viernes tengo Matemáticas de 9 a 10.

☐ No, yo estudio francés.

☐ Yo estudio inglés.

☐ Los lunes, miércoles y viernes tengo Lengua y Literatura.

☐ Los martes y jueves, a esa hora tenemos Gimnasia y Deporte.

☐ A la misma que Pepe.

☐ Sí, tenemos Religión o Ética.

☐ Tenemos Música; los martes y jueves tenemos Música.

☐ Dos días, lunes y miércoles.

2 Vuelva a escuchar la grabación, complete los cuadros que faltan del horario y explique los horarios de Manolo, Pepe, María Jesús y Carmen.

	lunes	martes	miércoles	jueves	viernes
9-10	Matemá-ticas	Geografía e Historia	—	—	—
10-11	Idioma	Física y Química	—	Física y Química	—
11-11$^1/_2$	recreo				
11$^1/_2$-12$^1/_2$	Lengua y Literatura	Gimnasia y Deporte	—	—	—
12$^1/_2$-1$^1/_2$	Religión / Ética	Música	—	—	—

3 Escuche la grabación y subraye las opiniones de los estudiantes.

—A ver, Manolo, ¿qué os parecen las asignaturas este año?

—A mí me gustan mucho las Matemáticas y la Física y Química. Todo eso lo aprendo bien.

—¿Y la Lengua?

—No me gusta nada. Me aburro. Yo creo que no sé estudiar eso.

—¿Y tú, Carmen?

—A mí me gusta todo. Yo lo paso muy bien en todas las clases. Bueno, prefiero la música, el deporte y el recreo; pero, de verdad, a mí me gustan mucho los compañeros y el colegio. Me divierte más venir al colegio que quedarme en casa.

—Ahora te toca a ti, María Jesús.

—Bueno, estar en casa es más aburrido, pero, a veces, el colegio no es muy divertido. Las Matemáticas me parecen un rollo y el profesor de Física es muy aburrido, yo creo que no enseña bien. Bueno, a mí me gusta la Historia, pero a veces me da igual estar en casa que en el colegio.

—¿Y tú, Pepe?

—Yo lo tengo claro. A mí no me gusta estudiar; sobre todo, hacer exámenes me parece muy mal. Prefiero la gimnasia, el deporte, los sábados, los domingos y las vacaciones.

4 Anote aquí las opiniones.

	le gusta/ no le gusta	se aburre/ lo pasa bien	prefiere	le divierte/ es divertido	es aburrido/ un rollo/ le es igual
Manolo					
Carmen					
María Jesús					
Pepe					

5 Explique ahora las opiniones de cada uno.

....

....

....

....

Comprenda y escriba

1 Necesito comprar las cosas del colegio.

2 Bueno, necesito los libros.

3 Si, pero me faltan las Ciencias Naturales y el Dibujo.

4 Sí, claro, un cuaderno, lápices, una regla...

5 Ah, sí, claro, también una goma.

6 Sí, mamá, tengo bolígrafos y papel.

7 No, gracias, hace falta tinta y se manchan mucho los dedos.

8 ¡Mamá! Eso era hace muchísimo tiempo. Ahora tenemos una pizarra grande en cada clase.

6 Coloque el número adecuado en las frases de la derecha.

☐ Y si quieres borrar...

☐ Como quieras. Fíjate, cuando yo era pequeña también llevábamos a clase una pizarra.

☐ Está bien. Entonces necesitas algo para dibujar, ¿no?

☐ Bueno, vamos a comprarlo todo ahora mismo.

☐ Pero, ¿no quieres una pluma?

☐ Ya los compramos. Fuimos a la librería la semana pasada.

☐ Vamos a ver, ¿qué más? ¿Tienes todo para escribir?

☐ ¿Qué necesitas comprar?

7 Las notas en España.

0-4	Suspenso
5	Suficiente/aprobado
6	Bien
7/8	Notable
9/10	Sobresaliente

	Manolo	María Jesús	Carmen
Física y Química	8	3	7
Matemáticas	9	4	8
Lengua y Literatura	4	6	9
Historia	6	7	10
Música	5	5	6
Educación Física	8	4	7

Escriba.

¿A quién han suspendido en alguna asignatura? ....

¿Qué nota sacó Manolo en Física? ....

¿En que asignaturas hay notables? ....

¿En qué asignatura aprueban todos? ....

¿Qué le dieron a Manolo en Matemáticas? ....

8 Consulte la pág. 137 **y conjugue el _imperfecto_ de estos verbos:**

estudiar	escribir	leer	ser	ir

Observe

> _Cuando estudiaba_ geografía, me _gustaba_ mucho.

Haga frases similares con estos verbos.

1. viajar; conocer ....

2. llamar; contestar ....

3. ir; ser ....

4. hacer, sacar ....

5. haber; divertirse ....

9 **Fíjese en estas fórmulas de persuasión o sugerencia.**

> _¿Por qué no_ vienes conmigo?
> _¿Te apetece_ estudiar chino?
> _¿(No) quieres_ tomar un café?
> _¿Vamos a_ hacer los deberes?

Ahora intente persuadir a un/a amigo/a para hacer estas acciones.

1. Ir a clase ....

2. Salir conmigo ....

3. Matricularse en ese curso ....

4. Ir a la fiesta ....

5. Estudiar económicas ....

Algunas cosas que usted sabe

1 Para preguntar un horario podemos decir...

¿Qué clase tienes de .... *a* ....?

¿Cuándo tienes ....?

¿A qué hora tienes ....?

¿Cuántos días a la semana?

2 Y podemos responder...

A última hora tengo libre.

Los martes y los jueves tengo ....

A esa hora tenemos ....

3 Preguntar el parecer.

¿Qué os parecen ....?

4 Decir que algo le gusta.

Me gustan mucho.

A mí me gusta todo.

Yo lo paso muy bien.

5 Decir qué no le gusta.

No me gusta nada.

Me aburro.

El colegio no es muy divertido.

Las matemáticas me parecen un rollo.

El profesor es muy aburrido.

A mí no me gusta estudiar.

Hacer exámenes me parece muy mal.

6 Decir la preferencia.

Prefiero la música.

7 Hacer comparaciones.

Me divierte más .... *que* ....

Estar en casa es más aburrido.

Me da igual estar en casa que en el colegio.

8 Decir las notas.

Me han suspendido.

He aprobado.

He sacado sobresaliente.

INSTITUTO MIXTO DE
BACHILLERATO
SANTAMARCA
PUERTO RICO, 34–38
28016 MADRID

Curso Académico 1990 1991

Boletín de
CALIFICACIÓN ESCOLAR
del alumno

José Luis Domínguez López

de 2 Curso B.U.P. Grupo A N.° 23

2° DE BUP	PRIMERA EVALUA.			SEGUNDA EVALUA.			TERCERA EVALUA.			CUARTA EVALUA.		
MATERIAS	NOTAS	FALTAS	REC.	NOTAS	FALTAS	REC.	NOTAS	FALTAS	REC.	NOTAS	FALTAS	REC.
LITERATURA	SB			NT								
LATÍN	NT	2		NT	1							
FRANCÉS / INGLÉS	NT			B								
GEOGRAFÍA	B			B								
ÉTICA / RELIGIÓN	SB	1		SB								
MATEMÁTICAS	SF			B								
FÍSICA Y QUÍMICA	SF			NT								
EDUCACIÓN FÍSICA	NT			B								
A.T.P.(.......)												
...VACIONES	Debería trabajar más en matemáticas y física.			Se ha notado su esfuerzo. Sigue por ese camino.								
...RMA DEL ...ROFESOR												
...L PADRE												

LECCIÓN 14

EL MUNDO DEL TRABAJO

Hablar de las actividades que se realizan.

Hablar de lo que se gana.

Hablar del lugar de trabajo y de los estudios.

Expresiones con *hace/hacía*

Expresiones de continuidad.

Uso de la partícula *ya*.

Entienda y hable

1 Escuche la cinta, estudie especialmente las expresiones que se destacan y complete la información.

Rosa: ¿Qué tal, Jaime, cómo estás?
Jaime: ¡Hola, Rosa! ¡Cuánto me alegro! *¿Qué haces ahora?*
Rosa: Ahora *trabajo en un banco.* Y tú, *¿a qué te dedicas?*
Jaime: Todavía estudio, pero por las tardes *voy a trabajar a* una oficina.
Rosa: ¡Qué bien! Así *ganas algún dinero* para tus gastos.
Jaime: Sí, claro. Estoy muy contento y además *me gusta el trabajo.* Y tú, ¿qué tal el sueldo?
Rosa: Bueno, yo creo que está bien. Para empezar *me parece que es un buen sueldo.* Además *es un trabajo que me gusta.*

	qué hacen	qué ganan	qué opinan sobre su trabajo
Jaime			
Rosa			

2 Escuche la cinta, estudie especialmente las expresiones que se destacan y complete la información.

Ángel: Hola, Sofía, ¿qué tal?
Sofía: Muy bien, hijo, pero siempre con mucha prisa.
Ángel: ¿Y eso, por qué?
Sofía: Porque en el trabajo *sólo tenemos una hora* para comer y así tengo que correr mucho. Y tú, ¿qué tal?
Ángel: Bueno, *yo tengo un horario más cómodo.*
Sofía: Claro, los profesores tenéis esa ventaja y, además, las vacaciones. *Yo sólo tengo un mes de vacaciones.*
Ángel: Sí, bueno, pero *las clases cansan mucho;* hay que prepararlas y el estar con los alumnos a veces es difícil.
Sofía: Sí, supongo que es verdad, pero yo creo que es *un trabajo más divertido que* el mío.

	qué horario	qué vacaciones	qué opinan sobre su trabajo
Sofía			
Ángel			

3 Diga ahora todo lo que sabe de las personas de las actividades 1 y 2.

4 Ponga los números apropiados.

profesiones/oficios	trabaja en	aprendieron/estudiaron
1 Enfermera	☐ Taller/garaje	☐ Derecho
2 Secretaria	☐ Universidad	☐ Técnica sanitaria
3 Profesor	☐ Oficina	☐ Matemáticas
4 Mecánico	☐ Asesoría jurídica	☐ Mecánica
5 Abogada	☐ Cafetería/bar	☐ Hostelería
6 Camarero	☐ Está jubilada	☐ Informática/mecanografía
7 Funcionaria	☐ Está en el paro	☐ Ciencias empresariales
8 Hombre de negocios/empresario	☐ Hospital/clínica	

5 Escuche la cinta y estudie los diferentes datos.

- Chelo trabaja en una clínica de medicina infantil.
- María José estudió informática y mecanografía en una academia privada.
- Luis es profesor en la Facultad de Ciencias Exactas.
- Antonio trabaja en un taller de automóviles.
- Concha estudió en la Facultad de Derecho de Granada.
- Jorge estudió en una escuela de formación profesional de hostelería.
- María Dolores ya está jubilada; es licenciada en Derecho.
- Julián tenía una empresa, pero no salió bien y ahora está en el paro.

6 A partir de los datos de la actividad 4 y los de la grabación del 5, diga lo que sabe de las distintas personas.

Chelo	es enfermera, trabaja en una clínica de medicina y estudió técnica sanitaria.
María José	
Luis	
Antonio	
Concha	
Jorge	
María Dolores	
Julián	

7 Y ahora, hable de usted: *qué hace, qué gana, qué horario tiene, qué vacaciones, dónde trabaja, qué aprendió/estudió. Haga también las preguntas a un compañero.*

Comprenda y escriba

administrativo/a
diplomado/a en enfermería
asesoría jurídica
ejecutivos
chapistas y mecánicos
aprendiz de camarero

8 *a)* **Coloque la palabra adecuada para cada anuncio.**

....

Ambos sexos.
Para departamento
comercial
de nueva creación.

Formación
a cargo de la empresa.

Horario continuado.

Sueldo fijo

....

Con experiencia en
manejo de
ordenadores.
Conocimientos
básicos de
contabilidad y de
inglés.
Sueldo a convenir.
Media jornada.

....

Se necesita
especialista en
separaciones,
divorcios y
sucesiones.
Buenas
condiciones
económicas.
Jornada completa.

....

Se necesitan
conocimientos de
chapa y pintura.
Carnet de
conducir.
Servicio militar
cumplido.
Salario más
incentivos.

....

Se precisa para
turno de noche.
Experiencia en
urgencias.

....

Necesito para
restaurante chino.
Agilidad y
experiencia de
barra.

b) **Escriba el resumen de las condiciones que se precisan.**

condiciones económicas	horario	experiencia	otras características

c) **Ponga un anuncio solicitando un puesto de administrativo/a. Detalle su experiencia, el horario que prefiere y otras características.**

....
....
....
....

CURRICULUM VITAE

Datos Personales:

Daniel González Sánchez, nacido el 10 de marzo de
1960, de estado civil soltero, con D.N.I. núm.
4.336.978, domiciliado en Madrid, calle Agastia, nº
158, D.P. 28043, teléfono 337 82 00.

Titulación y conocimientos :

- Licenciado en Psicología por la Universidad Autónoma
  de Madrid. 26-6-84.
- Becado por la Biblioteca de Psicología de la
  Universidad Autónoma de Madrid, cursos 1982-83 y
  1983-84.
- Buen nivel oral y escrito del idioma francés.

Experiencia :

- Asesor literario de la colección Ganimedes (divulgación
  científica) de la Editorial Andrómeda, de Palencia.
  (Entre octubre de 1986 y julio de 1990)
- Edición de la revista Mundos Lejanos (literatura
  turística) editada por Ediciones Marco Polo, de Salamanca.
  (Años 1987-1989)
- Colaboración en la revista Esplendor, núms. 122 al 148
  (1986). Reseñas de libros, arte y teatro. Artículos sobre
  pintura moderna.

9   **Observe**

> ● *Hace/hacía* un año *que* trabajo/trabajaba aquí.
> ● Trabajo/trabajaba aquí *desde hace/hacía* un año.

Forme frases similares con los siguientes elementos.

1. *(Ellos)* estudiar / idiomas / tres años.

   ....

2. *(Él)* buscar / trabajo / mucho tiempo.

   ....

3. *(Nosotros)* estar / sin trabajo / seis meses.

   ....

4. *(Ella)* saber / escribir a máquina / sólo dos semanas.

   ....

5. *(Yo)* estar / jubilado / dos años.

   ....

10   **Para expresar continuidad se puede usar**

> *Sigo buscando* empleo = *todavía/aún busco* (estoy buscando) empleo

Sustituya como en el ejemplo:

● Todavía están estudiando = ...

● Sigue gustándole el fútbol = ...

● Aún trabaja en el hospital = ...

● Sigo estando soltero = ...

● Todavía es temprano = ...

11   **Fíjese**

> La partícula *ya* (*no*) puede tener varios usos:
>
> *a)* ¿Todavía trabajas en el banco? - *Ya no* (= no trabajo *más* allí).
> *b)* ¿Estás preparado? - *Ya* estoy (= *ahora*; en este momento estoy).
> *c)* Tú sabes que te quiero - ¡*Ya, ya!* (= *no lo sé*; no estoy convencido).
> *d)* Usted debe quedarse aquí - ¡*Ya!* (= *sí, de acuerdo*).

¿Qué sentidos puede tener la partícula *ya* en...

● Ya no tengo dinero = ...

● Ya estamos en verano = ...

● Tú tienes que hacer el examen - ¡Ya! = ...

● ¿Sabes que he hecho un viaje por la India? - ¡Ya, ya! = ...

Algunas cosas que usted sabe

1 **Preguntar por las actividades de alguien.**

¿Qué haces ahora?
¿A qué te dedicas?

2 **Hablar de lo que uno hace.**

Trabajo en ....
Estudio ....

3 **Hablar de lo que se gana.**

Así ganas algún dinero.
¿Qué tal el sueldo?
Me parece que es un buen sueldo.
Es sueldo fijo.
Buenas condiciones económicas.
Salario más incentivos.

4 **Hablar del horario y de las vacaciones.**

Sólo tenemos una hora para comer.
Yo tengo un horario más cómodo.
Sólo tengo un mes de vacaciones.
El horario puede ser:
*   continuado,*
*   media jornada,*
*   jornada completa,*
*   turno de noche.*

5 **Que cuando una persona es:**

abogada
mecánico
secretaria
camarero
profesor

y estudió:

derecho
mecánica
informática/mecanografía
hostelería
matemáticas

puede trabajar en:

asesoría jurídica
taller/garaje
oficina
cafetería/bar
colegio/instituto/universidad

....

6 **Que...**

Cuando no se tiene trabajo, se está en.......................
Si tiene usted más de 65 años, normalmente está

....

LECCIÓN 15

EL DEPORTE

- Indicar posiciones.
- Indicar posibilidades.
- Dar más opiniones.
- Indicar necesidades.
- Uso de *también/tampoco*.
- Uso de *tener que/haber que*.

1 **Escuche la cinta, fíjese especialmente en las expresiones que se destacan y ponga el nombre a los jugadores.**

Observen, señores, la posición de los jugadores del Real Madrid.

Fíjese

delante-detrás
debajo-encima
abajo-arriba
cerca-lejos
junto a
al lado de
a la derecha/
a la izquierda/
en el centro

- *Delante*, muy cerca de la portería contraria, está Hugo Sánchez, tiene *al lado* a Butragueño. A *la derecha* de éste vemos a Míchel. Chendo está a *su izquierda*. El balón lo tiene Sanchís *en el centro*. *Detrás*, en la defensa, están Hierro, Spasic y Solana. En la portería, *debajo de* los palos, como de costumbre, se encuentra el portero, Buyo. *Junto a* la banda y, aparentemente *lejos de* la jugada, está Gordillo.

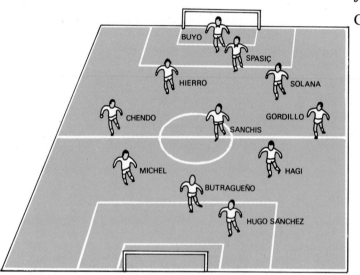

Buyo
Spasic
Hierro
Solana
Chendo
Sanchís
Gordillo
Míchel
Butragueño
Hagi
Hugo Sánchez

2 **Explique ahora las posiciones de los jugadores del Milán.**

3 Escuche la cinta y fíjese en las expresiones que se destacan.

Maribel: Este club *me encanta. Es posible* hacer todos los deportes que a uno le gustan y, además, a mí *me hacía falta* hacer ejercicio.

José María: A mí *también me gusta mucho. Sobre todo* el golf. *Puedes aprender* y entrenarte sin problemas.

Maribel: Sí, sí. *A mí también me interesa mucho.* Es un deporte en el que *puedes andar* mucho y eso es estupendo.

José María: Sí y además, al jugar, *se puede llevar el ritmo* que uno quiere.

Conchita: A mí el club social *me resulta muy agradable. Puedes hacer gimnasia, luego* tomar una sauna *y después,* si te apetece, ir a la cafetería porque tienes ganas de comer algo.

Marisa: Sí, *eso es lo que yo buscaba.* Un sitio donde estar tranquila. *Nadie te molesta.*

Conchita: Claro, *no hay nada desagradable.*

Marisa: *Lo que yo necesitaba era eso,* un sitio donde *si quieres haces deporte* y, *si no, descansas* sin problemas.

4 Vuelva a escuchar la cinta, tome los datos necesarios y hable luego de las opiniones de estas personas.

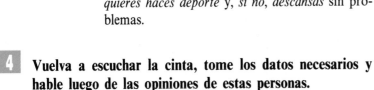

	opinión sobre el club	lo que se puede hacer	lo que se necesitaba
Maribel			
José María			
Conchita			
Marisa			

Fíjese

me encanta/gusta
me interesa/apetece
resulta agradable/
desagradable
sin problemas
te molesta
_____
es posible/puedes/
se puede
_____
hacía falta/buscaba/
necesitaba/tienes ganas

5 Está usted en el club. Explique lo que puede hacer en él.

Comprenda y escriba

6 Ponga los títulos adecuados a las informaciones.

> vía para bicicletas
> campo de golf
> pista de hielo
> club social
> picadero hípico
> complejo de piscinas

7 Escriba sobre las diversas posibilidades.

- Si va al club por la noche, ¿qué deportes puede practicar?

....

- ¿Es posible ver competiciones internacionales en el club?
  .... ¿Qué competiciones le parecen más probables?

....

- Escriba las posibilidades que hay para practicar el golf.

....

- Escriba ahora los deportes que usted ha practicado y los que sigue practicando. ....

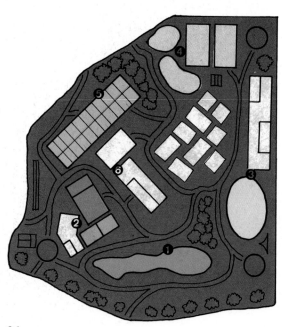

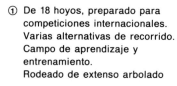

① De 18 hoyos, preparado para competiciones internacionales. Varias alternativas de recorrido. Campo de aprendizaje y entrenamiento. Rodeado de extenso arbolado

② Restaurante de lujo con actuaciones musicales. Cafetería. Autoservicio. Gimnasios masculino y femenino. Escuela de bellas artes. Ballet. Esgrima. Sauna y masaje. Salón de actos. Salas de estancia, lectura y TV. Centros-escuela de monitores para los diferentes deportes.

③ Pista de exhibición y plaza de ejercicios. Cuadras de alojamiento.

④ Una piscina olímpica cubierta, climatizada e iluminada. Una piscina de saltos. Dos piscinas-lago tropicales.

⑤ Cuatro pistas de tierra batida y diez pistas de superficie rápida, iluminadas.

⑥ Cubierta con gradas y vestuario.

8

Observe.

> *También* y *tampoco* se usan para expresar que estamos de acuerdo en lo positivo o negativo que otra persona hace o piensa:
>
> - Yo me levanto muy temprano - ¡Yo, también!
> - No sabe esquiar - ¡Yo, él, etc., tampoco!
> - No me gusta fumar - ¡A mí, a él, etc., tampoco!

Use *también* o *tampoco*, según los casos.

1. A nosotros nos gusta el tenis.

   ¡..!

2. A mí no me apetece ver la tele.

   ¡..!

3. A ellos les ha sorprendido la noticia.

   ¡..!

4. Nunca salgo los fines de semana.

   ¡..!

5. Esa chica me atrae mucho.

   ¡..!

9

> Fíjese que las construcciones *tener que* + *infinitivo*
> *haber que* + *infinitivo*
> indican obligación, *personal* o *impersonal*, respectivamente:
>
> - Hay que jugar mejor ≠ Tenemos que jugar mejor.
> - Había que descansar ≠ (Ellos) tenían que descansar.

Transforme estas obligaciones como en los ejemplos.

1. No hay que beber ≠ (Vosotros).

   ....

2. Había que leer mucho ≠ (Nosotras).

   ....

3. Hay que ver el partido ≠ (Ellos)................................

   ....

4. Hay que ganar ≠ (Yo)

   ....

Observe algunas estructuras exclamativas:

¡*Qué* + sust. + *más/tan* + adj.!:

¡*Qué coche más/tan bonito!*
¡*Qué días más/tan largo!*

¡*Vaya* + sust.!:

¡*Vaya película!*
¡*Vaya jefe!*

¡*Cómo* + verbo!:

¡*Cómo llueve!*
¡*Cómo corre!*

Algunas cosas que usted sabe

1 **Indicar posiciones.**

Los delanteros normalmente juegan ....

y eso es lo contrario de detrás.

Si llevo a una persona a la derecha, *yo voy a*

su ....

Y si somos tres, hay alguien que va ....

Podemos ver bien de cerca y no ver bien ....

....

2 **Indicar posibilidades.**

Es posible ....

Puede aprender y entrenar.

Se puede llevar el ritmo.

3 **Dar más opiniones.**

Me encanta.

A mí también me gusta mucho.

A mí también me interesa mucho.

Me resulta muy agradable.

Nadie te molesta.

No hay nada desagradable.

4 **Indicar lo que se necesitaba.**

Me hacía falta ....

Eso es lo que yo buscaba.

Lo que necesitaba era eso.

5 **Hablar de las instalaciones de deporte y tiempo libre de un club.**

CALENDARIO DE FIESTAS

ESPAÑA
1990

- Hablar de actividades recreativas.
- Indicar deseos.
- Hacer invitaciones.

- Uso de indefinidos.
- Uso de partículas.

Entienda y hable

1 **Escuche la cinta fijándose especialmente en las palabras que se destacan.**

Las sesiones de cine, que también se llaman *pases*, es decir, la hora en la que se da o se pone la *película*, suelen comenzar a las 4.30 de la tarde. La siguiente sesión puede ser a las 6.30, puede haber otra a las 8.30 y la última suele comenzar a las 10 ó 10.30 de la noche.

Cuando la película se pone por primera vez se dice que es el *estreno* de la película. Si ya se ha estrenado y se vuelve a poner se dice que es *reestreno* o que es una *reposición*.

En la actualidad el *precio de la entrada* suele estar en torno a las 500 pesetas. Normalmente el miércoles, salvo *festivos* y *vísperas* de fiesta, es el día del espectador y es más barato. También los *días laborables* hay una *reducción en el precio* para los mayores de 65 años.

Normalmente la película *está doblada*, es decir, los actores y actrices hablan en español aunque sea otro el idioma original. Hay, sin embargo, muchas salas de cine que dan las películas en *versión original* y así se puede ver la película en el idioma en que se hizo. En Madrid, por ejemplo, en la actualidad hay más de 20 cines que ponen las películas en versión original, o sea, *sin doblaje*.

2 **Vuelva a escuchar la cinta y complete el ejercicio siguiente.**

- La sesión, que también se llama .... , es la hora ....
- Las sesiones de tarde son a las ....
- Y hay una de noche que suele empezar sobre las ....
- Un estreno es ....
- Y si ya se ha estrenado se llama ....
- En la actualidad el precio suele ser unas.......................
- Hay reducciones ....
- Una película doblada es..
- Y cuando no hay doblaje se dice que es..........................

3 **Sin mirar el texto grabado, explique todo lo que sabe del cine.**

4 **Escuche la grabación fijándose especialmente en las palabras que se destacan.**

Paula: Hoy es el *cumpleaños* de mamá y *debíamos salir* a algún sitio.

Clara: Sí, muy bien, *a mí me gusta* mucho ir al teatro.

Rafael: (Voz resignada) Bueno, pues, encantado, *podíamos ir* al teatro.

Paula: *Parece que dices*, bueno, encantado, *si no hay más remedio*.

Clara: Eso *hay que decirlo con más ánimo*. Así: «Distinguidas damas, ¿me hacéis el honor de acompañarme esta noche al teatro?

Rafael: (Teatral) Queridas madre e hija, ¿*queréis* venir conmigo al teatro? ¿*Os gusta* ir al teatro? *Estoy encantado* de que me acompañéis al teatro.

Paula: Estupendo. Vamos a ver lo que dice el periódico: *Localidades en taquilla* de 12 a 1 y de 5 a 7.30.

Rafael: Seguro que hay *una cola larguísima*.

Clara: Sí, está teniendo un éxito enorme. El otro día fue a verla Ángeles y me dijo que *el público lo pasa estupendamente*, se ríe y aplaude muchísimo.

Rafael: La actriz es magnífica.

Paula: Acabo de llamar por teléfono y *he reservado tres butacas* en la fila 5 para esta noche.

Clara: Magnífico, ¡qué suerte! *Vamos a arreglarnos*.

5 **Fíjese primero en el resumen siguiente y trate a continuación de repetir el diálogo sin mirar el texto grabado.**

> Es el cumpleaños de Clara y Paula opina que hay que salir a algún sitio. A Clara le gusta el teatro. Rafael prefería quedarse en casa, ellas insisten en broma y él contesta de la misma forma. Paula mira en el periódico. Comentan el éxito de la obra y reservan tres butacas.

Paula (cumpleaños): ....

Clara (teatro): ....

Rafael: ....

Paula: ....

Clara (más ánimo): ....

Rafael (teatral): ....

Paula (lee el periódico): ....

Rafael (cola): ....

Clara (Ángeles le dijo): ....

Paula (reservó las entradas): ....

Clara (hay que arreglarse): ....

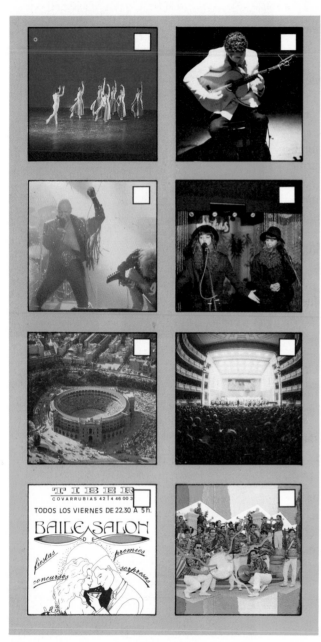

6 Ponga el texto correspondiente a cada foto.

① CONCIERTO ORQUESTA Y CO-RO DE CÁMARA DE LA COMU-NIDAD DE MADRID
• 2 de mayo. Aud. Nac. de Mús. - 19.30 h.
La Orquesta y Coro de Cámara de la Comunidad de Madrid nos ofrecen la Suite «Don Quijote», de Telemann; la «Sinfonía en la mayor número 21», de Haydn, y el estreno del «Cántico Matriten-se».

② ORQUESTA DE BAILE
• 1 de mayo. Palacio de los Deportes de la Comunidad de Madrid - 20.00 h.
La Orquesta Platería está a cargo de la parte musical de las secciones de esta gran fiesta concurso.

③ GRAN CORRIDA DE TOROS
• 2 de mayo. Plaza de Toros de las Ventas - 18.00 h.
Torearán los diestros:
Francisco Ruiz Miguel
José Antonio Campuzano
Luis Francisco Esplá

④ BAILE DE SALON
• 1 de mayo. Palacio de los Deportes de la Comunidad de Madrid 20.00 h.
El Baile de Salón se puede ya considerar como parte de «otra movida madrileña».

⑤ CONCIERTO FLAMENCO
• 26 de abril. Teatro Albéniz - 22.00 h.
El cantautor flamenco **Manuel Genera** dará un concierto en el Teatro Albéniz, durante el cual se grabará en directo su próximo disco.

⑥ BALLET CONTEMPORÁNEO DE MADRID
• 29 de abril. Pinto. Centro Municipal de Cultura - 19.30 h.
El Ballet Contemporáneo de Madrid es un grupo joven que ejerce una labor de dinamización y difusión de la danza. El programa lo forma «la génesis» y la «novena sinfonía» de Beethoven.

⑦ VARIETÉS
• 27 de abril. Café del Foro - 23.30 h.
Se llaman **Virtudes** pero distorsionan a placer lo divino y humano por la vía del humor pícaro y amable, y del esperpento. Ellas son el cabaré de los ochenta.

⑧ CONCIERTO HEAVY
• 27 de abril. Pabellón de Deportes del Real Madrid - 20.00 h.
Kruiz fue una de las primeras bandas en abrir nuevas fronteras y hoy es el número uno desde Moscú a Vladisvostok.

7 Ésas son las actividades que le han preparado sus amigos en Madrid. Escriba a dónde fue cada día, lo que vio y lo que le pareció. Algunos días tuvo que escoger entre varias actividades.

....

....

....

....

Fíjese.

gustar/interesar	agradable/desagradable
molestar	bonito/feo
preferir/gustar más	interesante/aburrido
parecer mejor	animado/divertido

8 Consulte la pág. 137 **y observe el uso de estos** *indefinidos.*

Alguien ≠ nadie; algo ≠ nada; alguno-a-os-as ≠ ningún-o-a

- ¿Tiene *alguien* un lápiz? - No, *nadie.* Lo siento.
- *No* ha venido *nadie* = *Nadie* ha venido.
- ¿Entiendes *algo*? - No, *no* entiendo *nada.*
- Aquí hay *algunos* libros.
- Aquí no hay *ningún* libro = No hay *ninguno.*

Ponga la forma adecuada.

1. ¿Has visto .... vez esta obra de teatro?

2. Esa pregunta no la sabe .... estudiante.

3. ¿Has encontrado .... en el periódico?

4. Aquí no hay .... interesante que leer.

5. .... sabe cuándo van a estrenar esa comedia.

---

9 La partícula *pero* se usa para poner objeciones o llevar la contraria a lo expresado en la frase anterior:

- Había entradas, *pero* eran muy caras.
- El público se reía mucho, *pero* a mí no me gustó nada.
- Mis amigos no se divirtieron, *pero* yo sí.

Termine estas frases con *pero.*

1. El director de orquesta es muy bueno, ...

2. Tiene mucho dinero, ...

3. Esa artista es muy guapa, ...

4. El piano sonaba bien, ...

5. No es una obra clásica, ...

Algunas cosas que usted sabe

1 **Las sesiones de cine suelen comenzar...**

la primera a las ....

la última a las ....

2 **La película puede ser un estreno o** ....

3 **Si no le gusta el doblaje de las películas, va a verlas en** ....

4 **Indicar un deseo.**

Debíamos salir a algún sitio.
Podíamos ir al teatro.

5 **Hacer invitaciones.**

¿Queréis venir conmigo?
¿Os gusta ir al teatro?
Estoy encantado de que me acompañéis.

6 **Escoger las actividades de un programa.**

Si practica en discotecas y salas de fiesta puede participar en ....

Si le gusta la danza clásica, puede ir a ver ....
....

Si le interesa la música clásica, debe reservar entradas para ....

Y si le interesa el flamenco, en el programa de actividades puede elegir ....

LECCIÓN 17

TIEMPO LIBRE

- Expresar grados de seguridad.
- Expresar duda.
- Expresar frecuencia.
- Estar o no de acuerdo.
- El uso de *volver a* + *infinitivo*.
- El uso de *pensar* + *infinitivo*.
- La fórmula *es que*.

1 Fíjese en las expresiones siguientes.

> completamente/
>   totalmente
> seguro/convencido
> seguro que sí
> me parece que sí/no
> supongo que sí/no
> creo que sí/no
> no estoy seguro
>   no sé si...
> puede ser/a lo mejor
>   quizá/tal vez
> no/de ninguna manera

2 *a)* **Escuche la cinta y subraye las anteriores expresiones.**

María: ¿Dónde está la guía de televisión, papá?

Padre: Ni idea. A lo mejor la tiene Fernando.

Fernando: No, de ninguna manera, yo no la tengo. Siempre decís que tengo yo las cosas.

Padre: ¿Estás seguro?

Fernando: Completamente seguro.

María: Me parece que no la tiene, papá.

Padre: Puede ser, pero yo creo que sí la tiene.

María: Papá, está totalmente convencido de que no la tiene.

Padre: Tal vez, pero a ver ahora cómo sabemos a qué hora retransmiten el partido.

María: Papá, creo que la tienes debajo del periódico.

Padre: ¡Vaya! Me parece que me equivoqué otra vez.

b) **Indique ahora las expresiones que dice cada una de estas personas.**

1. Padre.

....

2. María.

....

3. Fernando.

....

¿Quién tiene la guía de televisión?

....

3 Escuche la grabación y fíjese especialmente en las expresiones que se destacan.

Entrevistador: —Por favor, señora, ¿Puede decirme si ve usted la televisión *todos los días?*

Señora: —Sí, sí, claro, yo veo *siempre* la televisión. Sobre todo, la veo sábados y domingos.

Entrevistador: —Y usted, caballero, ¿ve usted la televisión también todos los días?

Señor A: —No, no, todos los días, no. Pero la veo *casi siempre.*

Entrevistador: —¿Y usted, señor?

Señor B: —Yo, *nunca*; yo *no* veo *nunca* la televisión. No me gusta nada.

Entrevistador: —¿Y cuánto lee usted, señora?

Señora: —Yo leo el periódico *casi todos* los días.

Entrevistador: —Y usted, ¿qué me dice de sus lecturas?

Señor A: —Yo leo el periódico *cada día* y además leo por lo menos una revista *a la semana.*

Entrevistador: —Y usted, ¿qué lee usted?

Señor B: —*En general* no leo periódicos ni revistas, todos dicen lo mismo.

Entrevistador: —¿Y cuántos libros lee usted *al mes*, señora?

Señora: —No sé decirle exactamente, pero siempre tengo algún libro en las manos.

Entrevistador: —Y usted, señor, ¿lee usted mucho?

Señor A: —Pues sí. *Generalmente* leo bastante. Yo creo que varios libros *al mes.*

Entrevistador: —¿Y usted, señor? ¿Le gustan a usted los libros?

Señor B: —Leo poco. No tengo tiempo. Un libro o dos *al año.*

4 Vuelva a escuchar la grabación; anote aquí los datos necesarios y hable luego de cuánto ven la televisión y cuánto leen las personas del diálogo anterior.

	televisión	periódicos	revistas	libros
Señora				
Señor A				
Señor B				

Fíjese

cada/al día
        mes
          año
a la semana
en general/generalmente
siempre/nunca
todos los días

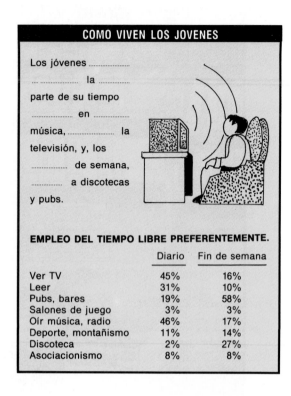

COMO VIVEN LOS JOVENES

Los jóvenes ....
.... la ....
parte de su tiempo
.... en ....
música, ... la
televisión, y, los
.... de semana,
.... a discotecas
y pubs.

EMPLEO DEL TIEMPO LIBRE PREFERENTEMENTE.

	Diario	Fin de semana
Ver TV	45%	16%
Leer	31%	10%
Pubs, bares	19%	58%
Salones de juego	3%	3%
Oír música, radio	46%	17%
Deporte, montañismo	11%	14%
Discoteca	2%	27%
Asociacionismo	8%	8%

5 Coloque estas palabras en el lugar adecuado del texto.

mayor	acudir
reparten	fines
oír	libre
ver	españoles

algunas formas para decir que se está o no de acuerdo

sí, eso es verdad
eso es, efectivamente
conforme, de acuerdo
vale
desde luego
perfectamente
claro que sí
no creo/no sé
no estoy de acuerdo
no estoy seguro

6 Escriba si está o no de acuerdo y añada los comentarios oportunos.

- La mayoría de la gente joven utiliza su tiempo libre para practicar deportes.

....
....

- A mediados de semana es cuando se va más a los bares.

....
....

- El fin de semana se ve menos televisión porque la gente sale más.

....
....

- Usted emplea su tiempo libre sobre todo en ver la televisión y en escuchar música.

....
....

7 Escriba un resumen de sus actividades (de usted) de tiempo libre.

....
....

8

La construcción *volver a + infinitivo* significa hacer algo *otra vez/de nuevo*:

- He visto la película otra vez = *He vuelto a ver* la película.
- La orquesta tocó el vals de nuevo = La orquesta *volvió a tocar...*

Transforme estas frases como en los ejemplos.

- No le he visto otra vez = ...
- Dímelo de nuevo = ...
- ¿Has ido a los toros otra vez? = ...
- La gente baila sevillanas de nuevo = ...

9

La construcción *pensar + infinitivo* se usa mucho, como variante de *ir a + infinitivo*, para enfatizar la *intención*:

Voy a ver una corrida de toros = *Pienso ver...*
Iban a cantar flamenco = *Pensaban cantar...*
No vamos a quedarnos aquí = No *pensamos quedarnos...*

- No voy a estar allí = ...
- Mis amigos iban a ver una comedia musical = ...
- No van a dormir en toda la noche = ...
- ¿Va usted a salir este fin de semana? = ...
- ¿No vas a beber vino? = ...

10

La fórmula *es que...* se usa mucho en español hablado para contestar a una pregunta u observación con una justificación o excusa, y es equivalente a *porque*:

- ¿Por qué no vienes con nosotros? — (Porque) *Es que* no tengo tiempo.
- No me has llamado — (Porque) *Es que* no sabía tu número de teléfono.

Ahora dé una justificación o excusa.

1. ¡A ti no te gustan los toros! — / ....
2. ¿Por qué estás tan triste? — / ....
3. ¿Por qué no come usted más? — / ....
4. Creo que habéis ido al cine — / ....
5. No sé por qué dices eso — / ....

Algunas cosas que usted sabe

1 **Expresar diversos grados de seguridad.**

Completamente seguro.

Seguro que sí/no.

Creo que sí/no.

Me parece que sí/no.

Supongo que sí/no.

No, de ninguna manera.

2 **Expresar duda.**

No estoy seguro.

No sé si...

Puede ser/a lo mejor/quizá/tal vez.

3 **Expresar frecuencia.**

Cada/al día.

En general.

Siempre/nunca.

Todos los días.

4 **Estar o no de acuerdo.**

Sí, eso es verdad.

Eso es, efectivamente.

Conforme/de acuerdo/desde luego.

Claro que sí.

No creo/no sé.

5 **Hablar de las actividades de tiempo libre.**

Ver la televisión.

Practicar deportes.

Escuchar música.

LECCIÓN 18

PRENSA

- Averiguar características.
- Hacer descripciones.
- Manifestar su opinión.
- El uso de *se* + *verbo.*
- Las fórmulas *¿no?, ¿verdad?, ¿a que sí/no?*
- El uso de *llevar* + *gerundio.*

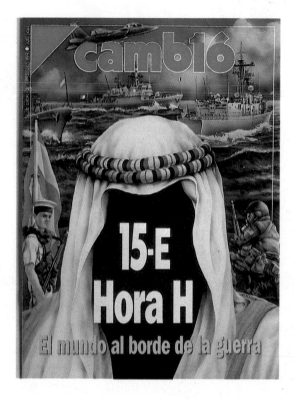

1 Fíjese en las preguntas que le van a hacer después de escuchar la grabación.

- ¿Cómo se enteró de la existencia de nuestra revista?
- ¿Cómo consiguió el primer ejemplar?
- ¿Algún familiar, amigo o usted son suscriptores?
- ¿Cuánto tiempo lleva leyendo nuestra revista?
- ¿Dónde la encuentra en la actualidad?
- ¿Cuántas personas leen su ejemplar?

2 Escuche ahora la grabación teniendo en cuenta las preguntas anteriores.

No, no, yo creo que no vi ningún anuncio y nadie me habló de ella. La vi por primera vez en el quiosco al lado de casa y la compré allí. Luego ya la he visto en muchos otros sitios. No soy suscriptor, pero un hijo mío sí está suscrito. No me acuerdo exactamente cuánto tiempo llevo leyendo esta revista, pero me parece que unos cuatro años. Sí, ahora lo recuerdo bien; comencé a leerla hace unos cuatro años. Antes sólo la veía en mi quiosco, pero ahora ya se encuentra con facilidad en todos los sitios, sí, ya es fácil encontrarla. Yo la leo casi toda; en casa mi hijo lee algunos artículos y mi hija también la hojea.

3 Conteste ahora las preguntas siguientes.

- ¿Cuántas personas leen su ejemplar?

Usted	☐
Algunos amigos	☐
Su familia	☐

- ¿Dónde la encuentra en la actualidad?

En un quiosco	☐
En una librería	☐
En todas partes	☐

● ¿Cuánto tiempo lleva leyendo nuestra revista?

Unos meses ☐

Más de un año ☐

Menos de tres años ☐

Entre tres y cinco años ☐

Más de cinco años ☐

● ¿Algún familiar, amigo o usted son suscriptores?

Familiar ☐

Amigo ☐

Usted ☐

● ¿Cómo consiguió el primer ejemplar?

Lo compró en un quiosco ☐

En unos grandes almacenes ☐

Se lo dieron en el avión ☐

Se lo regaló un amigo ☐

● ¿Cómo se enteró de la existencia de nuestra revista?

Vi un anuncio ☐

Me enviaron propaganda ☐

Me habló un amigo ☐

La vi en un quiosco ☐

SUMARIO

Foto: EFE

ENTREVISTA EXCLUSIVA

Emilio Butragueño 12

[texto parcial en columna izquierda del recorte]
) de terreno, or sus cua- ula el paso sonoro con plando, un to musical nto musical frase que se ores. que repro- s sonidos. o carnicero limenta de n la cabeza o frases es-

---

4 Tome el periódico que lee normalmente y otro que no le gusta y dé su opinión.

secciones		la sección puede ser			la portada
internacional		muy buena/excelente			llamativa
nacional		buena			bien diseñada
opinión		regular			corriente
local		mala			
sociedad		no sabe/no contesta			el tamaño
cultura					demasiado grande
deportes					grande
economía					adecuado
trabajo					pequeño
agenda					demasiado pequeño
espectáculos					
programación de radio y TV					el número de páginas

secciones

internacional
nacional
opinión
local
sociedad
cultura
deportes
economía
trabajo
agenda
espectáculos
programación
de radio y TV

la sección puede ser

muy buena/excelente
buena
regular
mala
no sabe/no contesta

la portada
llamativa
bien diseñada
corriente

el tamaño
demasiado grande
grande
adecuado
pequeño
demasiado pequeño

el número de páginas
excesivo
adecuado
escaso

el tipo de letra
se lee muy bien
se lee bastante bien
se lee mal

Comprenda y escriba

5 Fíjese especialmente en las palabras que se destacan y luego complete la última parte del ejercicio.

a) Sr. Director: *Soy muy aficionado* a la cocina y *echo en falta* en su periódico alguna sección dedicada a este aspecto tan importante de la vida. *Me gusta* leer comentarios sobre restaurantes, así como sobre el vino. *Me molesta* tanto espacio para las noticias internacionales y *me llama la atención que no tratan*, por ejemplo, de los viajes.

Atentamente: Aurelio González Fernández.

b) Sr. Director: Soy lector de su periódico hace tiempo, *no me agrada mucho* escribir, pero lo hago porque *no me convence la cantidad* de artículos *que escriben* sobre moda, salud y belleza, y jardinería. *Me gusta más* un estudio serio sobre los problemas de la vivienda, que nos afecta a todos. La guía inmobiliaria es insuficiente.

Mis mejores saludos: Mariví Rodríguez Pérez.

c) Sr. Director: *Ya es hora de decirle* que a su periódico le falta humor. *Hay que* escribir alguna columna humorística y ampliar la sección de pasatiempos. *No aguanto* su seriedad; ¡*también hay que reírse*, hombre!

Le saluda: José Luis López García.

Aurelio González	se interesa por ....
	echa de menos ....
	prefiere ....
	no le convence ....
	y le parece mejor ....
A Mariví Rodríguez	le desagrada ....
	le molesta ....
	le interesa más ....
José Luis López	es aficionado a ....
	prefiere ....
	no le convence ....

Fíjese

aficionado
interés/interesar por
gustar/agradar
molestar/desagradar
aguantar/convencer
preferir
llamar la atención
parecer
hay que

6 Escriba una carta al director con las secciones que le gustan y con las que no le gustan de su periódico favorito.

7

En español, la construcción *pasiva* más usada es *se + verbo*, cuando no interesa mencionar el agente de la acción, o no se conoce:

- Aquí *se venden* periódicos (= venden...)
- La noticia no *se entendía* (= no entendían la...)
- El partido *se juega* a las cinco (= juegan el partido...)

Transforme como en los ejemplos.

- (El público) agotó el número extraordinario de la revista = ...
- No practican mucho los deportes en España = ...
- (Los periódicos) anuncian mucho esta marca de coche = ...
- (Ellos) oyen las noticias todos los días = ...
- Aquí (la gente) compra todo tipo de artículos = ...

8

Observe

Estas fórmulas se usan para confirmar suposiciones:

> *¿no?*
> *¿verdad?*
> *¿a que sí/no?*

- A ti te gusta mucho el baloncesto, *¿verdad?*
- Esto es muy interesante, *¿a que sí?*
- Ella es más joven que él, *¿no?*
- A usted no le interesa la política, *¿a que no?*

Diga frases propias que acompañen a estas fórmulas.

1. ...., ¿verdad?   3. ...., ¿no?
2. ...., ¿a que no?   4. ...., ¿a que sí?

9 Fíjese

La construcción *llevar + gerundio*, con expresiones de tiempo, se usa mucho para expresar *duración*:

- *Llevamos* diez años *leyendo* este periódico = Hace diez años que...
- *Lleva* media hora *llamando* por teléfono = Hace media hora que...

Use esta construcción con los siguientes elementos.

1. Ella / hacer / el crucigrama / una hora.

....

2. Su marido / trabajar / en la misma empresa / veinte años.

....

3. Ese periodista / escribir / la sección de deportes / sólo tres meses.

....

Algunas cosas que usted sabe

1 **Averiguar características de algo.**

¿Cómo se enteró de .... ?

¿Cómo consiguió .... ?

¿Cuánto tiempo lleva .... ?

¿Dónde la encuentra .... ?

¿Cuántas personas leen .... ?

2 **Describir el periódico que lee.**

La portada es llamativa.

....

....

El tamaño es demasiado grande.

....

....

El número de páginas es excesivo.

....

....

El tipo de letra se lee muy bien.

....

....

La sección puede ser muy buena/excelente.

....

3 **Manifestar su opinión.**

Soy muy aficionado a ....

Echo en falta ....

Me gusta/me agrada ....

Me molesta/me desagrada/prefiero ....

No aguanto/no me convence ....

Me llama la atención ....

Me parece que ....

Hay que ....

GUÍA

INTERNACIONAL

España

deports

¡Panorama Cultural

Teatro

EL ARTE DE VIVIR / MODA

economía

La cultura

Gastronomía

ARTE

INFORMATICA

LIBROS

Vacaciones

LABERINTO

LECCIÓN 19

EL TIEMPO

- Describir el tiempo que hace.
- Hablar del tiempo en el pasado.
- Expresar posibilidades
- Describir actividades futuras.

- El futuro simple.
- Expresiones de posibilidad.

Entienda y hable

ESPAÑA HÚMEDA

1 Escuche la cinta y fíjese especialmente en las expresiones que se refieren al tiempo.

ESPAÑA SECA

—Aquí, en general, *no hace mucho frío.*

—**Bueno, *ni mucho calor tampoco,* ¿verdad?**

—No, no hace mucho calor. *Llueve un poco,* eso sí.

—**Algunas veces *llueve bastante,* ¿no?**

—Bueno, hombre, *hay días nublados,* pero *la temperatura es agradable.* Y, para veranear, un poco de fresco por la noche es estupendo.

ISLAS BALEARES

—Yo creo que ahora en invierno *hace menos frío* que antes. *No hace tan malo* ahora.

—**Sí, eso me parece a mí. *Antes nevaba más* y *había más hielo.* Hasta el *viento era helado.* Y había *más días de niebla.***

—Y yo creo que *los veranos eran más calurosos.* Parecía que *hacía sol siempre* y había que buscar la sombra. Y las tormentas eran tremendas...

ISLAS CANARIAS

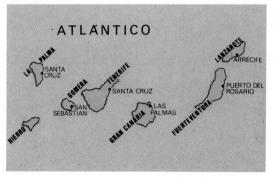

—**Aquí *hace buen tiempo* todo el año.**

—Sí, es una suerte. *Siempre hace bueno.* Aquí *no existe el mal tiempo. Siempre es primavera. Las temperaturas son deliciosas,* mira qué bien se pueden ver la luna y las estrellas.

2 **Vuelva a escuchar la cinta y hable del tiempo que hace.**

El tiempo en
el norte:

        frío .... calor .... lluvia ....

        días nublados .... temperatura ....

        noches de verano ....

el centro

        invierno .... nieve ....

        veranos .... sol .... sombra ....

        tormentas ....

las islas:

        buen tiempo .... mal tiempo ....

        temperatura .... noches ....

        luna y estrellas ....

3 **Mire el mapa y diga el tiempo que *hará* en las diversas regiones españolas. Utilice la forma *va a* o el futuro.**

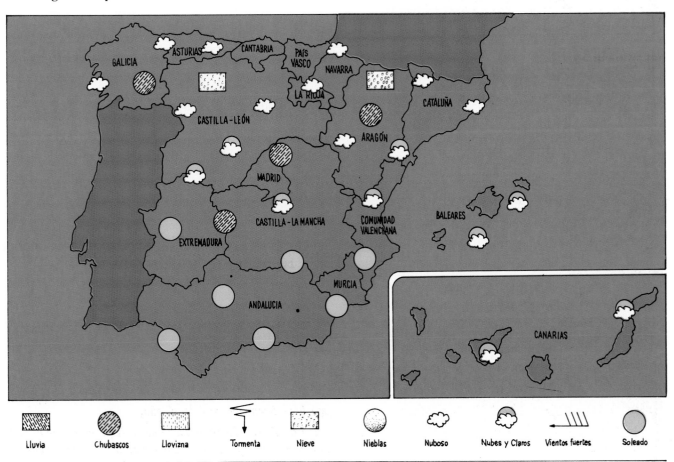

119

4 **Lea con atención y conteste las preguntas.**

Si vamos al norte de España en otoño, la lluvia no es segura, pero, por si acaso, quizá será mejor llevar una gabardina y no olvidarse del paraguas. A lo mejor llueve y quizá incluso hará viento, pero con una gabardina o con un chubasquero estaremos bien protegidos. El paraguas estará bien para recorrer las ciudades, pero, si salimos de paseo al campo, será mejor algo para cubrirse la cabeza; se puede usar un sombrero, una gorra o, como mucha gente en el norte, una boina.

En el centro del país y en invierno es conveniente abrigarse. Hace frío, aunque no tanto como en la Europa central, así que será mejor llevar un abrigo. Unos zapatos fuertes y cómodos nos serán de gran utilidad en nuestras caminatas por el campo o la ciudad.

El clima templado de las islas, en cualquier época del año, nos ayudará a disfrutar de la naturaleza y de las playas. No se olvide del bañador, seguro que lo utilizará muchas veces.

- ¿Qué prendas de vestir vamos a llevar al norte?

....

- ¿Dónde será útil el paraguas?

....

- ¿Qué nos pondremos en la cabeza?

....

- ¿Qué será mejor para visitar el centro en invierno?

....

- ¿Qué es lo que nos vamos a acordar de llevar a las islas? ¿Por qué?

....

5 **Anote todas las expresiones en las que aparece un futuro e indique las posibles equivalencias.**

Ejemplo:

○ Quizá será mejor llevar una gabardina = *Quizá va a ser mejor...*

.... | ....
.... | ....
.... | ....
.... | ....
.... | ....

6 Consulte la pág. 137 y **estudie cómo se forma el *futuro simple*. Ponga la forma adecuada en estas frases.**

1. Mañana *(hacer)* .... buen tiempo.

2. Pronto *(nosotros/ir)* .... de vacaciones.

3. En seguida *(yo/estar)* .... con vosotros.

4. Estoy seguro de que no *(tú/poder)* .... hacerlo.

5. *(Ellos)* no *(decir)* .... nada.

6. *(Haber)* .... muchas nubes y *(llover)* ....

7. El mes que viene *(venir)* .... el calor.

8. Dentro de unos minutos *(ponerse)* .... el sol.

7   **Fíjese**

> La posibilidad se puede expresar de diversas maneras en español. Aquí tiene algunas fórmulas fáciles:
>
> ● *A lo mejor* + *pres. ind.* (A lo mejor llueve).
> ● *Seguro que* + *pres. ind.* (Seguro que llueve).
> ● *Seguramente* + *fut. simple* (Seguramente lloverá).

Use las otras dos opciones.

1. A lo mejor hace frío ....

2. Seguramente estará nublado ....

3. Seguro que usas el bañador ....

4. A lo mejor hace viento ....

5. Seguro que hace sol ....

Fíjese. Meses del año

enero	abril	julio	octubre
febrero	mayo	agosto	noviembre
marzo	junio	septiembre	diciembre

Algunas cosas que usted sabe

1 **Hablar del tiempo que hace.**

Hace mucho frío/calor.

Hace buen tiempo.

Siempre hace bueno.

La temperatura es agradable.

Siempre es primavera.

La temperatura es deliciosa.

Llueve un poco/bastante.

2 **Hacer comparaciones con el tiempo.**

Hace menos frío.

Hace más calor.

No hace tan malo.

3 **Hablar en el pasado.**

Antes nevaba más

Había más hielo.

El viento era helado.

Los veranos eran más calurosos.

Hacía sol siempre.

4 **Hablar de posibilidades.**

A lo mejor llueve.

Quizá hará viento.

Quizá será mejor llevar gabardina.

Se puede usar un sombrero.

5 **Hablar de actividades futuras.**

El paraguas estará bien para ....

Si salimos de paseo será mejor ....

Unos zapatos fuertes nos serán de utilidad.

El clima templado nos ayudará a ....

TURISMO Y VACACIONES

LECCIÓN 20

- Manifestar deseos/intenciones.
- Expresar condiciones.
- Describir.

- Oraciones condicionales.

1 Escuche la cinta y complete la información.

a) ¿Qué vas a hacer este año en vacaciones?

b) *No sé todavía. Estoy deseando* irme de vacaciones. Si toda la familia está de acuerdo, *nos iremos al pueblo a descansar.* ¿Y tú?

a) *Si puedo, tengo la intención de viajar mucho. Tengo muchas ganas de* moverme por ahí, de hacer excursiones y de no parar. Durante el año ya descanso bastante.

¿De qué hablan?

	¿están seguros de lo que harán?	¿qué desean?/¿de qué tienen ganas?	¿qué van a hacer?
a			
b			

Termine las frases.

Se irán al pueblo a descansar si ....

Es natural cambiar en vacaciones si ....

2 Escuche la cinta y compruebe si es cierto.

a) ¿Qué harás en vacaciones este año?

b) He pensado irme de camping. Si puedo, voy a estar al aire libre todo el día. Estoy cansado de la vida en la ciudad, del ruido, de la contaminación y del tráfico.

a) Yo quiero unas vacaciones distintas. Si tengo bastante dinero, haré un crucero por el Mediterráneo. También voy a tomar el sol como tú, pero en el mar.

Compruebe si es cierto

		verdadero	falso	?
a)	Piensa irse a la playa.			
	Quiere bañarse y estar al sol.			
	Le gusta la ciudad con toda su animación y movimiento.			
b)	Quiere unas vacaciones normales.			
	Tiene dinero. Hará un crucero.			
	Le gusta estar al aire libre.			

3 Escuche la cinta y complete el ejercicio.

—¿Puede decirme cómo es el clima de esta región?
—El clima es muy agradable. Siempre ha habido mucha gente que va a veranear allí por el clima y la tranquilidad.

—¿Y qué es lo que se puede ver allí?
—Hay mucho que ver. Tanto paisajes como monumentos. Sobre todo, el arte románico y el barroco.

—¿Y de la comida? ¿Qué me dice usted de la comida?
—Mire usted, es uno de los sitios donde se come mejor de España.

—¿Y qué tal el vino? ¿Qué vino tienen?
—El vino es tan agradable como la temperatura. Suelen ser vinos suaves de poca graduación alcohólica.

—¿Y cuál es la mejor forma de ir allí? ¿Cómo se puede ir?
—Hay aviones, el tren Talgo, trenes expresos, autocar, y si quiere ir en coche, el recorrido es muy típico e interesante.

Haga usted las preguntas en esta petición de información y complete las palabras que faltan.

¿............................? El clima es muy............
Siempre ha habido mucha gente
que va a veranear allí por el............
y la ....

¿............................? Hay mucho que ver. Tanto............
.... como ....
Sobre todo, el arte ....
y el ....

¿............................? Mire usted, es uno de los ....
.... donde se come mejor
de España.

¿............................? El vino es tan agradable como
la .... Suelen ser
.... suaves de poca
.... alcohólica.

¿............................? Hay aviones, el tren Talgo,............
expresos, autocar, y si quiere ir
.... , el recorrido es
muy .... e interesante.

125

4 **Lea cada información y resuma el contenido con titulares.**

Salamanca. El conjunto de la ciudad es monumento nacional por sus históricos y artísticos edificios, entre los que destacan algunos ejemplos especialmente hermosos de arquitectura plateresca.

Toledo. Uno de los centros turísticos más importantes del país. En su pintoresca ciudad vieja se pueden ver los tesoros artísticos y arquitectónicos de su pasado cristiano, musulmán y judío.

La Semana Santa de *Sevilla* es una de las más impresionantes de España. Las procesiones que recorren las calles de la ciudad son un espectáculo inolvidable.
La Feria de Abril es la principal fiesta de *Sevilla.* Dura una semana y participa toda la ciudad con vestidos andaluces, baile flamenco, paseos a caballo y corridas de toros.

Los picos más altos de la Península, cubiertos de nieves perpetuas, están en *Sierra Nevada.* En el mismo día se puede esquiar en la sierra y bañarse en las templadas aguas del Mediterráneo.

El suave clima de la *Costa del Sol* ha sido la base para el desarrollo de una región turística de casi 300 kilómetros de longitud, que atrae a gran cantidad de visitantes extranjeros. El colorido del paisaje, las casas blanqueadas, la flora exuberante y la animación de los pueblos hacen de la Costa del Sol la imagen de Andalucía.

Salamanca: Historia y arte. Ciudad monumental. Arquitectura plateresca..
....
....
....
....

Toledo: ....
....
....
....

Semana Santa en Sevilla: ....
....
....
....

Feria de Abril en Sevilla: ....
....
....
....

Sierra Nevada: ....
....
....
....

Costa del Sol: ....
....
....
....

5 La partícula *si* expresa *condición.* Observe las formas de los verbos.

> • Si *hace* buen tiempo, *tomaremos/vamos a tomar/tomamos* el sol.
> • Si no *hay* billete para el autobús, *vete* en tren.

Forme frases condicionales con estas acciones.

condición	acción
llover	quedarme en casa
nevar	ir a esquiar
hacer sol	bañarse en el río
(tú) querer	(nosotros) pasarlo muy bien
(yo) tener dinero	(yo) viajar por el extranjero

6 Observe las diferentes posibilidades de viajar, pasear, etc.

a pie	en coche
a caballo	en barco
	en autobús/autocar
	en avión
	en tren
	en bici(cleta)

Forme frases con estas expresiones y los verbos *viajar, ir* y *venir.*

....
....
....
....
....

7 Conteste a estas preguntas.

• ¿Qué harás si empieza a llover? ....

• ¿En qué viajará usted si tiene poco tiempo? ....

• ¿Qué ciudades visitarán si tienen tiempo? ....

• ¿Qué haremos si no nieva? ....

• ¿A dónde irás si te gusta esquiar? ....

Algunas cosas que usted sabe

1 Manifestar deseos/intenciones.

—*Estoy deseando irme de vacaciones.*

—*Tengo muchas ganas de moverme por ahí.*

—*Tengo la intención de viajar mucho.*

—*Yo quiero una vacaciones distintas.*

—*Voy a tomar el sol, pero en el mar.*

2 Expresar condiciones.

—*Si toda la familia está de acuerdo, nos iremos al pueblo.*

—*Si tengo bastante dinero, haré un crucero.*

—*Si puedo, voy a estar al aire libre.*

—*Si quiere ir en coche, el recorrido es muy interesante.*

3 Pedir descripciones.

—*¿Cómo es el clima?*

—*¿Qué es lo que se puede ver?*

—*¿Qué me dice usted de la comida?*

—*¿Y qué tal el vino?*

—*¿Y cuál es la mejor forma de ir?*

—*¿Cómo se puede ir?*

4 Hacer descripciones.

—*Hay mucho que ver/Hay aviones...*

—*Siempre ha habido mucha gente que va a veranear allí.*

—*Es uno de los sitios donde se come mejor.*

—*Es monumento nacional por* ....

—*La Feria de Abril es la principal fiesta.*

—*Los vinos suelen ser* ....

—*Se pueden ver los tesoros arquitectónicos.*

—*Se puede esquiar en la sierra.*

APÉNDICE GRAMATICAL

EL SUSTANTIVO

GÉNERO (masculino y femenino)

A. Género natural.

    a.1. **o/a:**
        niño/niña
        gato/gata

    a.2. **consonante/consonante + a:**
        doctor/doctora
        inglés/inglesa

    a.3. **palabra distinta:**
        hombre/mujer
        padre/madre
        toro/vaca

    a.4. **forma idéntica:**
        el estudiante/la estudiante
        el joven/la joven

B. Género gramatical.

    b.1. **masculinos en -o:**
        el pelo
        el uso
        el metro
        excepciones:
        la mano
        la moto
        la radio
        la foto

    b.2. **femeninos en -a:**
        la fiesta
        la camisa
        la semana
        excepciones (numerosas e importantes):
        el idioma
        el clima
        el mapa
        el día
        el problema
        el telegrama
        etc.

    b.3. **masculinos** y/o **femeninos en -e:**

masc.:	fem.:
el café	*la llave*
el coche	*la leche*
el paquete	*la noche*
el cine	*la gripe*

    b.4. **masculinos** y/o **femeninos en -cons.:**

masc.:	fem.:
el mes	*la verdad*
el jabón	*la luz*
el sol	*la amistad*
etc.	*la sal*
	etc.

NÚMERO (singular y plural)

a. **+s:**

    (vocal sin acento o **é**)
    casa-s
    café-s
    chico-s
    excepciones:
    papá-s
    mamá-s

b. **+es:**

    (cons. o **y**)
    árbol-es
    mes-es
    vez-veces
    rey-reyes

c. **sin cambios:**

    (**s** final precedida de vocal sin acento)
    miércoles
    lunes
    viernes
    paraguas

d. **sólo plural:**

    las gafas
    los pantalones
    las vacaciones

EL ARTÍCULO

DETERMINADO

	masc.	fem.	neutro
sing.	el	la	lo
pl.	los	las	

Contracción: a + el = **al** *(vamos **al** cine)*
de + el = **del** *(vengo **del** cine)*

INDETERMINADO

	masc.	fem.
sing.	un	una
pl.	unos	unas

Observaciones

a. No se usa delante de **otro, ciento** y **mil:**

   Aquí hay cien/mil libros | Dame otra copa

b. Con el verbo **haber** se usa el indeterminado, nunca el determinado:

   *En la plaza hay **una** iglesia = La iglesia está en la plaza*

EL ADJETIVO

GÉNERO

a.

*mal-o/mal-**a***
*español/español-**a***
(en **-o** de nacionalidad)

b. **invariables:**

(todos los demás)
*el hombre **libre**/la mujer **libre***
*el chico **joven**/la chica **joven***

NÚMERO (igual que los sustantivos)

Formas cortas

a. **bueno, malo** y **santo = buen, mal** y **san**

   (sólo delante de sustantivo y en masc. sing.)
   *hombre **bueno**/**buen** hombre*
   *hombre **malo**/**mal** clima*
   *día **santo**/**San** Gregorio*

b. **grande = gran**

   (delante del sustantivo y en sing.)
   *una casa **grande**/una **gran** casa*
   *un mueble **grande**/un **gran** mueble*

Grados de comparación

a. Igualdad:

- **tan ... como:**
  (adjetivos y adverbios)

  *Su hermana es **tan** inteligente **como** él*
  *Habla español **tan** bien **como** yo*

- **tanto-a-os-as ... como:**
  (sustantivos)

  *Hoy hay **tanta** gente **como** ayer*
  *Tienen **tantos** amigos **como** nosotros*

- **tanto como:**
  (acciones o verbos)

  *Estudio **tanto como** tú*

b. Superioridad/inferioridad:

- **más/menos ... que:**

  *Ella sabe **más/menos que** tú*
  *Tiene **más/menos** dinero **que** yo*
  *Son **más/menos** listos **que** nosotros*

c. Formas irregulares:

más bueno = **mejor**
más malo = **peor**
más grande = **mayor**
más pequeño = **menor**

d. Formas superlativas:

- **el/la/los/las** + **más/menos/mejor/peor,** etc.:

  *Elena es **la mejor** alumna de la clase*
  *Yo soy **el más** alto de mis hermanos*

- **muy** + adjetivo/adverbio:

  *Esto es **muy** bonito*
  *La escuela está **muy** cerca*

- adj./adv. + **-ísimo-a-os-as:**

  *Esto es **buenísimo***
  *Australia está **lejísimos***

e. Formas correlativas:

- **tan** + adj./adv. + **que:**

  *Habla **tan** deprisa **que** no lo entiendo*
  *Es **tan** tonto **que** no entiende nada*

- **tanto-a-os-as** + sust. + **que:**

  *Hay **tanta** gente **que** no puedo moverme*
  *Tiene **tantos** amigos **que** no sabe con quién salir*

- verbo + **tanto que** + verbo:

  *Trabaja **tanto que** no tiene tiempo para divertirse*

Formas neutras (lo + adj. sing. masc.)

***Lo bueno** es que ya lo sabemos*
*Eso es **lo lógico***
***Lo interesante** es escuchar con atención*

DEMOSTRATIVOS

	masc.	fem.	neutro
sing.	este ese aquel	esta esa aquella	esto eso aquello
pl.	estos esos aquellos	estas esas aquellas	

Observaciones

a. Las formas masc. y fem. pueden ir solas, en cuyo caso son pronombres y llevan acento (éste, ése, aquél, etc.) o con sustantivos:

***Esa** silla es más cómoda*
***Ésa** es más cómoda*

b. Las formas neutras van solas:

*¿Qué es **esto**?*
*No sé que es **aquello***

c. Las formas masc. y fem. pueden ir delante o detrás del sust.:

> **Esta** botella es de plástico = **La** botella **esta** es de plástico
> **Esos** chicos son muy jóvenes = **Los** chicos **esos** son muy jóvenes

POSESIVOS

A. Adjetivos, delante del sustantivo:

sing.		pl.	
masc.	*fem.*	*masc.*	*fem.*
mi		**mis**	
tu		**tus**	
su		**sus**	
nuestro	**nuestra**	**nuestros**	**nuestras**
vuestro	**vuestra**	**vuestros**	**vuestras**
su		**sus**	

Ejemplo: **mi** casa/amigo / **tus** amigos/cosas / **nuestra** ciudad

B. Pronombres o detrás del sustantivo:

sing.		pl.	
masc.	*fem.*	*masc.*	*fem.*
mío	**mía**	**míos**	**mías**
tuyo	**tuya**	**tuyos**	**tuyas**
suyo	**suya**	**suyos**	**suyas**
nuestro	**nuestra**	**nuestros**	**nuestras**
vuestro	**vuestra**	**vuestros**	**vuestras**
suyo	**suya**	**suyos**	**suyas**

Ejemplos: *Esta casa es **mía** | La (casa) **tuya** es mejor*
*Los **nuestros** son mejores*
*El (problema) **suyo** es peor*

NUMERALES

A. Cardinales

1 = uno	10 = diez	19 = diecinueve	70 = setenta
2 = dos	11 = once	20 = veinte	80 = ochenta
3 = tres	12 = doce	21 = veintiuno	90 = noventa
4 = cuatro	13 = trece	22 = veintidós	100 = cien
5 = cinco	14 = catorce	30 = treinta	101 = ciento uno
6 = seis	15 = quince	31 = treinta y uno...	110 = ciento diez
7 = siete	16 = dieciséis	40 = cuarenta	200 = doscientos
8 = ocho	17 = diecisiete	50 = cincuenta	500 = quinientos
9 = nueve	18 = dieciocho	60 = sesenta	700 = setecientos

900 = novecientos	1.250.000 = un millón doscientos cincuenta mil/un millón y cuarto
1.000 = mil	
2.000 = dos mil	1.500.000 = un millón quinientos mil/(un) millón y medio
1.000.000 = un millón	
	2.000.000 = dos millones

- 1 hombre/mujer = un hombre/una mujer
  100 hombres/mujeres = cien hombres/mujeres
  300 libros/casas = trescientos libros/trescientas casas
  250 libros/casas = doscientos cincuenta libros/doscientas cincuenta casas
  150 libros/casas = ciento cincuenta libros/casas

- Todos los determinantes preceden siempre a los números:

  los dos hermanos
  estas cuatro cosas
  mis seis hijos
  otras tres preguntas

B. Ordinales

1.º = primero-a-os-as	6.º = sexto-a-os-as
2.º = segundo-a-os-as	7.º = séptimo-a-os-as
3.º = tercero-a-os-as	8.º = octavo-a-os-as
4.º = cuarto-a-os-as	9.º = noveno-a-os-as
5.º = quinto-a-os-as	10.º = décimo-a-os-as

- **Primero** y **tercero** se acortan a **primer** y **tercer** (sólo en masc. sing.) delante del nombre:

  *el **primer** hombre/la **primera** mujer*
  *el **tercer** piso/la **tercera** edad*

- Se ponen detrás de los nombres propios:

  *Fernando **tercero***
  *Pablo **sexto***

EXPRESIONES NUMÉRICAS DE USO CORRIENTE

1. Horas

¿Qué hora es?
- *1 (es la una)*
- *2 (son las dos)*
- *3.10 (son las tres y diez)*
- *5.15 (son las cinco y cuarto)*
- *6.30 (son las seis y media)*
- *7.45 (son las ocho menos cuarto/siete cuarenta y cinco)*
- *9.40 (son las diez menos veinte/nueve cuarenta)*
- *22.10 (son las diez y diez de la noche/las veintidós diez)*

2. Teléfonos

2-22-37-11 (dos, veintidós, treinta y siete, once)
14-82-15 (catorce, ochenta y dos, quince)

3. Fechas

3-9-90 (tres del nueve del noventa/tres de julio de mil novecientos noventa)
25-2-92 (veinticinco del dos del noventa y dos/veinticinco de febrero de mil novecientos noventa y dos)

4. Operaciones aritméticas

3 + 3 = 6 (tres más tres es igual a seis)
7 − 5 = 2 (siete menos cinco es igual a dos)
10 × 2 = 20 (diez por dos es igual a veinte)
16:2 = 8 (dieciséis entre/dividido por dos es igual a ocho)

5. Temperaturas

20° C (veinte grados centigrados)
−4° (cuatro bajo cero)
0° (cero grados)

6. Pesos y medidas

1/2 l (medio litro)
1/4 kg (cuarto kilo/un cuarto de kilo)
1 y 1/2 kg (kilo y medio)
3/4 kg (tres cuartos de kilo)
Conducía a 100 km/h (a cien kilómetros por hora)

INDEFINIDOS

a. **algo = nada; alguien = nadie:**

*¿Hay **alguien** aquí? | Aquí no hay **nadie***
Nadie** me quiere | No me quiere **nadie
*¿Te gusta **algo**? | No me gusta **nada***

b. **algún-o-a-os-as; ningún-o-a; otro-a-os-as; mucho-a-os-as; poco-a-os-as; todo-a-os-as; varios-as; demasiado-a-os-as:**

*No tiene **ningún** amigo aquí | Aquí no hay **ninguno***
***Algunos** (alumnos) son muy buenos*
*¿Hay **algún** sitio libre?*
*Bebe **demasiada** cerveza | Trabaja **demasiado***
*Déme **otro** (café), por favor | Lo vi el **otro** día*
*Tengo **poco** dinero | Escribe **poco,** pero bien*
*He leído **varios** libros*
***Todo** el mundo está presente | Va a **todas** partes en coche*

c. **bastante-s; cada:**

*Tiene **bastante** dinero para comprar la casa (= suficiente)*
*Fuma **bastante** (= mucho) | Eso está **bastante** bien (= muy)*
***Cada** país tiene sus costumbres | Tocamos a 200 pesetas **cada** uno | Come **cada** vez más*

EL PRONOMBRE

PERSONALES

A.

	sing.	pl.
1.ª persona	yo	nosotros-as
2.ª persona	tú	vosotros-as
3.ª persona	él/ella/usted	ellos/ellas/ustedes

- Las formas **usted/ustedes** son el tratamiento de respeto de 2.ª persona, pero van acompañadas de la forma de 3.ª persona del verbo, en singular o plural respectivamente:

    Tú eres Pepe = Usted es Pepe
    Vosotras estáis cansadas = Ustedes están cansadas

- **tú** y **yo** cambian a **ti** y **mi** cuando van detrás de preposiciones (excepto **entre** y **según**):

    Esto es para mí | Te lo digo a ti: es un secreto entre tú y yo

- Cuando **tú** y **yo** van detrás de la preposición **con** cambian a **contigo** y **conmigo**:

    Yo estoy contigo y tú estás conmigo

B.

	sing.	pl.
1.ª persona	me	nos
2.ª persona	te	os
3.ª persona	le/la/lo	les/las/los

- Se ponen delante del verbo:

    me/te/nos/les miró

- **le-s** puede indicar el objeto directo masc. de persona o el indirecto (masculino o femenino):

    les vi ayer (a ellos)
    les di mi dirección (a ellos o ellas)

- **lo** puede referirse a acciones o conceptos y puede sustituir a oraciones:

    Comprendo (que tú tienes razón) = Lo comprendo
    ¿Está usted contento? — Si, lo estoy
    ¿Sabes por qué no viene Juan? — No lo sé

- Con las formas del imperativo *afirmativo*, gerundio e infinitivo, estos pronombres van detrás, formando una sola palabra:

    Dame tu número de teléfono
    Es interesante verlo: está mirándonos

- Pero si estas formas verbales van precedidas de otros verbos, los pronombres pueden ir también delante del primer verbo:

    Quiero verlo = Lo quiero ver
    Está mirándonos = Nos está mirando

- Cuando hay dos pronombres, el orden es: forma de objeto indirecto + forma de objeto directo:

    Te lo digo ahora
    Dámelo

- Cuando las formas **le-s** coinciden con **la-s** o **lo-s,** las primeras se transforman en **se:**

    Se las daré mañana
    Se lo dije ayer

INTERROGATIVOS

invariables			
¿qué? ¿cuándo? ¿cómo? ¿dónde? ¿por qué?			

variables			
sing.		pl.	
¿cuál? ¿quién?		¿cuáles? ¿quiénes?	
masc. sing.	fem. sing.	masc. pl.	fem. pl.
¿cuánto?	¿cuánta?	¿cuántos?	¿cuántas?

- Las formas **qué** y **cuál-es** presentan algunos problemas:

1. **Qué** + sustantivo:

    *¿**Qué** diferencia hay entre...?*
    *¿**Qué** problema tiene usted?*
    *¿A **qué** distancia está Barcelona de Madrid?*

2. **¿Cuál** + de + sustantivo/pronombre:

    *¿**Cuál** de estos platos prefieres?*
    *¿**Cuáles** de ésos te gustan más?*

3. **Qué/cuál** + verbo:

    *¿**Qué** quiere usted? (= No lo sé; espero que me lo diga)*
    *¿**Cuál** quiere usted? (= Sé lo que es, pero no sé el espécimen)*

4. **¿Cuál** + ser:

    *¿**Cuál** es la diferencia/el motivo/la razón/ la dificultad/el problema...?*

5. Todas las formas interrogativas, excepto **cuándo, dónde** y **cuál,** se pueden usar en exclamaciones:

    *¡**Qué** interesante! | ¡**Qué** coche! | ¡**Qué** lejos está!*
    *¡**Cómo** llueve¡ | ¡**Cómo** estudia!*
    *¡**Cuánto** dinero! | ¡**Cuánto** trabaja!*

EL ADVERBIO

a. **Tiempo.** (ayer, hoy, mañana, ahora, antes, después, luego, siempre, nunca, todavía, pronto, tarde, temprano, mientras, etc.)

b. **Lugar.** (aquí, ahí, allí, arriba, abajo, delante, detrás, dentro, fuera, cerca, lejos, etc.)

c. **Cantidad.** (más, menos, muy, mucho, poco, demasiado, bastante, todo, nada, casi, algo, sólo, tan, tanto, etc.)

d. **Afirmación.** (sí, también, verdaderamente, etc.)

e. **Negación.** (no, nunca, jamás, tampoco, etc.)

f. **Duda.** (quizá-s, seguramente, a lo mejor, etc.)

g. **Modo.** (bien, mal, peor, mejor, así, etc.) A esta categoría pertenece la mayoría de los adverbios en **-mente,** que se forman añadiendo esta terminación a la forma femenina del adjetivo:

> *último - últimamente*
> *igual - igualmente*
> *cuidadoso - cuidadosamente*

h. **Frases adverbiales.**

modo:

> *de repente*
> *de nuevo*
> *otra vez*
> etc.

tiempo:

> *por la mañana/tarde/noche*
> *de vez en cuanto,*
> etc.

lugar:

> *a la derecha/izquierda*
> *en el centro*
> etc.

afirmación, negación, duda:

> *desde luego*
> *a lo mejor*
> *ni hablar*
> etc.

i. Los adverbios **tanto** y **mucho** se acortan a **tan** y **muy** delante de adjetivos u otros adverbios:

> *¡Qué mujer **tan** guapa!*
> *Juega **muy** bien al tenis*

LA PREPOSICIÓN

a. Simples. **a, con, contra, de, desde, en, entre, hacia, hasta, para, por, sin, sobre, durante.**

b. Compuestas. **delante de, cerca/lejos de, después de, antes de, detrás de, encima de, debajo de, dentro de, enfrente de, junto a, al lado de, alrededor de, fuera de,** etc.

EL VERBO

Formación de los verbos regulares: tiempos simples

	raíz	terminaciones	
		sing.	pl.
1. **AR** (ganar)			
Presente ind.	**gan**	-o -as -a	-amos -áis -an
Pretérito ind.	**gan**	-é -aste -ó	-amos -asteis -aron
Imperfecto	**gan**	-aba -abas -aba	-ábamos -abais -aban
Futuro	**gan**	-aré -arás -ará	-aremos -aréis -arán
Condicional	**gan**	-aría -arías -aría	-aríamos -aríais -arían
Presente subj.	**gan**	-e -es -e	-emos -éis -en
Participio pas.	**gan-ado**		
Gerundio	**gan-ando**		
Imperativo		gana, gane	ganad, ganen

	raíz	terminaciones	
		sing.	pl.

'2. ER (beber)

Presente ind.	beb	-o -es -e	-emos -éis -en
		-í -iste -ió	-imos -isteis -ieron
Pretérito ind.	beb	-ía -ías ía	-íamos -íais -ían
Futuro	beb	-eré -erás -erá	-eremos -eréis -erán
Condicional	beb	-ería -erías -ería	-eríamos -eríais -erían
Presente subj.	beb	-a -as -a	-amos -áis -an
Participio pas.	beb-ido		
Gerundio	beb-iendo		
Imperativo		bebe, beba	bebed, beban

3. IR (vivir)

Presente ind.	viv	-o -es -e	-imos -ís -en
Pretérito ind.	viv	-í -iste -ió	-imos -isteis -ieron
Imperfecto	viv	-ía -ías -ía	-íamos -íais -ían
Futuro	viv	-iré -irás -irá	-iremos -iréis -irán
Condicional	viv	-iría -irías -iría	-iríamos -iríais -irían
Presente subj.	viv	-a -as -a	-amos -áis -an
Participio pas.	viv-ido		
Gerundio	viv-iendo		
Imperativo		vive, viva	vivid, vivan

VERBO HABER

Tiempos simples, necesarios para formar los tiempos compuestos de todos los demás verbos:

Presente ind.	**he, has, ha, hemos, habéis, han**
Imperfecto	**había, habías, había, habíamos, habíais, habían**
Futuro	**habré, habrás, habrá, habremos, habréis, habrán**
Condicional	**habría, habrías, habría, habríamos, habríais, habrían**
Presente subj.	**haya, hayas, haya, hayamos, hayáis, hayan**

Formas impersonales

Presente	**hay**
Pretérito ind.	**hubo**
Imperfecto	**había**
Futuro	**habrá**
Condicional	**habría**
Presente subj.	**haya**
Participio pasado	**habido**
Gerundio	**habiendo**

Formación de los tiempos compuestos

Se forman con el tiempo simple correspondiente del verbo **haber** más el **participio pasado** del verbo correspondiente:

Pretérito perfecto   **he/has/ha/hemos/habéis/han + ganado/bebido/vivido**

Pretérito pluscuamperfecto   **había/habías**, etc. **+ ganado/bebido/vivido**

Futuro perfecto   **habrá/habrás**, etc. **+ ganado/bebido/vivido**

Condicional perfecto   **habría/habrías**, etc. **+ ganado/bebido/vivido**

Pretérito perfecto subj.   **haya/hayas**, etc. **+ ganado/bebido/vivido**

VERBOS IRREGULARES

Tiempos simples

Presente indicativo

decir: digo, dices, dice, decimos, decís, dicen

estar: estoy, estás, está, estamos, estáis, están

ir: voy, vas, va, vamos, vais, van

oír: oigo, oyes, oye, oímos, oís, oyen

poder: puedo, puedes, puede, podemos, podéis, pueden

querer: quiero, quieres, quiere, queremos, queréis, quieren

ser: soy, eres, es, somos, sois, son

tener: tengo, tienes, tiene, tenemos, tenéis, tienen

venir: vengo, vienes, viene, venimos, venís, vienen

Irregularidad sólo en la primera persona singular

dar: doy	**salir: salgo**
hacer: hago	**traer: traigo**
poner: pongo	**ver: veo**
saber: sé	

Pretérito indefinido

andar: anduve, anduviste, anduvo, anduvimos, anduvisteis, anduvieron

caer: caí, caíste, cayó, caímos, caisteis, cayeron

conducir: conduje, condujiste, condujo, condujimos, condujisteis, condujeron

creer: creí, creíste, creyó, creímos, creisteis, creyeron

decir: dije, dijiste, dijo, dijimos, dijisteis, dijeron

estar: estuve, estuviste, estuvo, estuvimos, estuvisteis, estuvieron

ir: fui, fuiste, fue, fuimos, fuisteis, fueron

ser: fui, fuiste, fue, fuimos, fuisteis, fueron

tener: tuve, tuviste, tuvo, tuvimos, tuvisteis, tuvieron

Imperfecto

ir: iba, ibas, iba, íbamos, ibais, iban

ser: era, eras, era, éramos, erais, eran

ver: veía, veías, veía, veíamos, veíais, veían

Futuro

decir: diré, dirás, dirá, diremos, diréis, dirán
hacer: haré, harás, hará, haremos, haréis, harán
poder: podré, podrás, podrá, podremos, podréis, podrán
poner: pondré, pondrás, pondrá, pondremos, pondréis, pondrán

Condicional

decir: diría, dirías, diría, diríamos, diríais, dirían
hacer: haría, harías, haría, haríamos, haríais, harían
poder: podría, podrías, prodría, podríamos, podríais, podrían
poner: pondría, pondrías, pondría, pondríamos, pondríais, pondrían

Presente subjuntivo

caer: caiga, caigas, caiga, caigamos, caigáis, caigan
dar: dé, des, dé, demos, deis, den
ir: vaya, vayas, vaya, vayamos, vayáis, vayan
venir: venga, vengas, venga, vengamos, vengáis, vengan
haber: haya, hayas, haya, hayamos, hayáis, hayan
saber: sepa, sepas, sepa, sepamos, sepáis, sepan
hacer: haga, hagas, haga, hagamos, hagáis, hagan

Participio pasado

abrir: abierto	**cubrir: cubierto**	**decir: dicho**
descubrir: descubierto	**escribir: escrito**	**hacer: hecho**
morir: muerto	**poner: puesto**	**romper: roto**
ver: visto	**volver: vuelto**	

Imperativo

	sing.	pl.
salir:	**sal, salga**	**salid, salgan**
tener:	**ten, tenga**	**tened, tengan**
poner:	**pon, ponga**	**poned, pongan**
venir:	**ven, venga**	**venid, vengan**
hacer:	**haz, haga**	**haced, hagan**
decir:	**di, diga**	**decid, digan**
ir:	**ve, vaya**	**id, vayan**

SINTAXIS DEL VERBO

SER

a. **identidad o identificación:**

*¿Quién **es** usted? — Soy su nuevo vecino*
*¿Qué **es** eso? — **Es** un libro*

b. **profesión o parentesco:**

*¿Qué **es** tu padre? — **Es** profesor*
*¿Quiénes **son** esos señores? — **Son** mis tíos*

c. **nacionalidad, religión, ideas políticas y estilo artístico:**

> *¿De dónde **sois** vosotros? — **Somos** españoles*
> *Juan **es** católico/socialista*
> *Esta iglesia **es** gótica*

d. **materia y origen:**

> *La mesa **es** de madera*
> ***Son** de Madrid*

e. **posesión:**

> *El libro **es** mío/de mi amigo*

f. **tiempo, cantidad y precio:**

> *¿Qué hora es? — **Son** las cuatro*
> *¿Qué día es hoy? — Hoy **es** miércoles*
> *¿Cuántos **son** ustedes? — **Somos** seis*
> *¿Cuánto **es** esto? — **Son** tres mil pesetas*

g. **impersonalidad:**

> ***Es** importante saber inglés*
> ***Es** necesario estudiar*

h. **tener lugar u ocurrir:**

> *La conferencia **es** en la Facultad de Ciencias*
> *La comida **es** en el restaurante «Costa Rica»*

ESTAR

a. **situación física o temporal:**

> *Todavía **está** en la cama*
> ***Estamos** en invierno*

c. **forma continua de otros verbos:**

> *Ahora **están** viajando/estudiando/durmiendo, etc.*

b. **estado físico o mental:**

> ***Estoy** enfermo/bien/mal, etc.*
> ***Está** loco*

- **Ser** y **estar** con adjetivos.

    Ser indica cualidad objetiva o condición normal.

    Estar indica cualidad subjetiva, estado provisional o impresión personal:

    > *La carne **es** buena* (cualidad objetiva)
    > *La carne **está** buena* (impresión personal)
    > *La situación **es** difícil* (situación normal)
    > *La situación **esta** difícil* (estado provisional)

IMPERFECTO e INDEFINIDO (tiempos del verbo)

Estos dos tiempos son difíciles de usar en español. Los dos casos más frecuentes de contraste son:

a. **Acción habitual** (imperfecto)/**acción puntual** (indefinido):

> *Siempre **comía** en casa, pero el sábado **comió** fuera*
> *En verano siempre **iban** a la playa, pero el año pasado no **salieron***

b. **Acción en desarrollo** (imperfecto)/**acción totalizadora** (imperfecto, especialmente con el verbo **ser** y expresiones de tiempo):

> *¿Qué hora **era** entonces? — **Eran** las siete*
> *¿A qué hora **fue** el accidente? — **Fue** a las once de la noche*

VOZ PASIVA

a. **Ser** + participio pasado:

> *Esta novela **fue escrita** por Cela*

b. **Se** + verbo en forma activa (mucho más frecuente):

> ***Se vende** esta casa*
> *La sopa **se toma** con cuchara*

c.   **Se** impersonal (verbo en 3.ª persona sing.):

> **Se dice** que Juan tiene problemas con su mujer
> **Se cree** que habrá guerra pronto (= La gente cree...)

INDICATIVO/SUBJUNTIVO

a.   Verbo principal + **que** + verbo dependiente $\begin{cases} \text{indicativo} \\ \text{subjuntivo} \end{cases}$

Cuando el verbo principal influye en el sujeto del verbo dependiente:

> *Necesito que me* **ayudes**
> *Quiero que* **vengas**

o cuando el sujeto del verbo principal *reacciona* bien o mal ante la acción realizada por el sujeto del verbo dependiente:

> *Siento que* **estés** *enfadado*
> *Me gusta que te* **diviertas**

El indicativo se usa en todos los demás casos:

> *Sé que* **vives** *en Barcelona*
> *Dicen que no* **comprenden** *nada*
> *Creo que* **están** *casados*

b.   Verbo principal (3.ª persona sing.) + **que** + verbo dependiente (en indicativo o subjuntivo). Se usa el subjuntivo cuando el verbo principal expresa un juicio de valor:

> *Es necesario que* **trabajes** *más*
> *Es importante que* **estés** *tranquilo*
> *Es hora de que* **vayamos** *todos a verle*

- Expresiones que piden:

subjuntivo	indicativo
Es natural que	*Es verdad que*
Es lógico que	*Es cierto que*
Es importante que	*Parece que*
Es curioso que	*Es que*
Es fundamental que	*Seguro que*

ORACIONES CONDICIONALES

Si + presente indicativo + futuro
Futuro + **si** + presente de indicativo

> **Si vienes,** *lo* **verás**
> *Lo* **compraré,** *si* **tengo** *dinero*
> **Si quiere** *usted, me* **quedaré** *aquí*

FRASES (PERÍFRASIS) VERBALES

1.   **Ir a** + infinitivo (expresa futuro inmediato):

> **Vamos a** *comer*
> **Voy a ver** *qué pasa*
> **Juan va a** *venir esta tarde*

2. **Tener que** + infinitivo (expresa obligación, deber):

    Tengo que llamarle
    Tendrá usted que dormir más

3. **Haber que** + infinitivo (expresa obligación impersonal):

    Hay que trabajar más
    Había que que discutir el problema

4. **Acabar de** + infinitivo (expresa acción terminada en el pasado inmediato):

    ¿Acabas de levantarte? — Sí, me he levantado hace unos minutos.
    Acaban de dar las doce en el reloj.

ACENTUACIÓN

Reglas generales

a. Si la palabra es **aguda** (lleva el acento en la última sílaba) y termina en **vocal, -n** o **-s,** se escribe el acento:

    allí, jamás, tensión

b. Si la palabra es **llana** (lleva el cento en la penúltima sílaba) y termina en consonante que no sea **-n** o **-s,** se escribe el acento:

    lápiz, azúcar, hábil

c. Si la palabra es **esdrújula** (lleva el acento en la antepenúltima sílaba o cualquier sílaba anterior) siempre se escribe el acento:

    rápido, médico, hipócrita

Reglas especiales

Las siguientes palabras llevan o no llevan acento escrito de acuerdo con su función y significado:

aún	(adverbio de tiempo = **todavía**): *Aún no ha llegado*
aun	(adverbio de cantidad = **incluso**): *Esto es aun más difícil de lo que yo imaginaba*
dé	(3.ª pers. sing. presente subj. de **dar**): *No me dé usted las gracias*
de	(preposición): *Mesa de madera*
él	(pronombre personal): *Trabajo con él*
el	(artículo determinado): *El autobús*
más	(adverbio de cantidad): *Hoy hace más calor*
mas	(conjunción = **pero**): *Estoy cansado, mas no tengo sueño*
mí	(pronombre personal): *Esto es para mí*
mi	(adjetivo posesivo): *Mi amigo*
sé	(1.ª pers. sing. del presente ind. de **saber** o 2.ª pers. sing. del imperativo de **ser**): *(Yo) sé tres idiomas / Sé bueno*
se	(pronombre reflexivo o impersonal): *Se durmió / Se dice que...*
sí	(afirmación o pronombre reflexivo): *Sí, es verdad / Se engaña a sí mismo*
si	(partícula condicional): *Si vas, te veré*
té	(sustantivo): *El té de la India*

te	(pronombre personal: *Te espero en la puerta*
tú	(pronombre personal): *Tú eres joven*
tu	(adjetivo posesivo): *Ha llamado tu amigo Juan*
sólo	(adverbio = **solamente**): *Tiene sólo quince años*
solo	(adjetivo): *El hombre estaba solo*

Las formas **cual, cuando, que** y **quien** llevan acento cuando son pronombres interrogativos (o exclamativos) y no lo llevan cuando son pronombres o adverbios relativos:

> *¿**Cuál** quieres? | No sé **cuál** quieres*
> *¿**Cuánto** cuesta? | No sé **cuánto** cuesta*
> *¿**Qué** quieres? | No sé **qué** quieres*
> *¿**Quién** es? | No sé **quién** es*

Las formas **como, cuando** y **donde** llevan acento cuando son adverbios interrogativos y no lo llevan cuando son adverbios relativos:

> *¿**Cómo** está usted? | No sé **cómo** está*
> *¿**Cuándo** llegan? | No sé **cuándo** llegan*
> *¿**Dónde** vive? | No sé dónde vive*

Las formas **este, ese** y **aquel** llevan acento cuando funcionan como pronombres y no lo llevan cuando funcionan como adjetivos:

> *Éste me gusta | Este vestido me gusta*
> *Ésas son muy caras | Esas sillas son muy caras*
> *Aquél es mejor | Aquel libro es mejor*

Las formas neutras **esto, eso** y **aquello** nunca llevan acento.

EL ALFABETO

El alfabeto o abecedario español consta de las siguientes letras, cuyos nombres damos en transcripción fonética:

A	B	C	CH	D
/a/	/be/	/θe/	/ĉe/	/de/

E	F	G	H	I
/e/	/éfe/	/xe/	/áĉe/	/i/

J	K	L	LL	M
/xóta/	/ka/	/éle/	/éλe/	/éme/

N	Ñ	O	P	Q
/éne/	/éɲe/	/o/	/pe/	/ku/

R	RR	S	T	U
/ére/	/ér̄e/	/ése/	/te/	/u/

V	W	X	Y	Z
/úβe/	/úβe dóβle/	/ékis/	/iɣriéɣa/	/θéta/

SOLUCIONARIO

LECCIÓN 1

Ejercicio 1. Ejercicio de retención de las fórmulas de identificación personal.

Ejercicio 2. Juan López Andrade; Juan; López Andrade; Blanca Iglesias López; Blanca; Iglesias López.

Ejercicio 3. Dé sus datos personales.

Ejercicio 4. Dé sus datos personales.

Ejercicio 5. Dé sus datos personales.

Ejercicio 6. Dé sus datos personales.

Ejercicio 7. 1. qué. 2. cuál. 3. cómo. 4. cuáles. 5. qué. 6. dónde. 7. cuántos. 8. de dónde/qué/quién. 9. cuál. 10. qué.

Ejercicio 8. direcciones, teléfonos, calles, nacionalidades, apellidos, estados.

Ejercicio 9. soy, eres, es, somos, sois, son.
tengo, tienes, tiene, tenemos, tenéis, tienen.
1. tenemos. 2. es. 3. tenéis. 4. soy. 5. tiene. 6. sois 7. tienen. 8. son.

Ejercicio 10. Ejercicio de libre creación con el presente de los verbos dados.

LECCIÓN 2

Ejercicio 1. Ejercicio de relaciones y términos de familia.

Ejercicio 2. sí, no, no, sí, sí, no, no, sí, no.

Ejercicio 3. En este ejercicio se trata de relacionar horas y actividades.

Ejercicio 4. hace, hace, lava, arregla, peina, desayuna, trabaja, come, hace, preparan, cenan, leen, escuchan, van.

Ejercicio 5. A las siete de la mañana. Se lava, se arregla y se peina. Desayuna. De nueve a una de la tarde, y de tres a cinco de la tarde. A la una y media. Hace la compra. Ella y su marido. Lee y escucha música. A las doce de la noche.

Ejercicio 6. Hay que fijar la atención en las formas de presente de verbos corrientes de actividades diarias.

Ejercicio 7. 10, 11, 12, 9, 8, 6, 7, 4, 3, 2, 1, 14, 13, 5.

Ejercicio 8. Ejercicio de libre creación.

Ejercicio 9. 1. mis. 2. su. 3. su. 4. mi. 5. su. 6. su. 7. vuestro.

Ejercicio 10. 1. tus. 2. su. 3. vuestros. 4. nuestros. 5. su. 6. su.

Ejercicio 11. 1. nos lavamos. 2. se afeita. 3. se duermen. 4. te despiertas. 5. se baña. 6. se peina.

LECCIÓN 3

Ejercicio 1. Hay que marcar en el plano las calles Goya, Felipe II y Alcalá, la glorieta de Goya y el edificio de El Corte Inglés.

Ejercicio 2. Hay que marcar un trozo de la calle Serrano, la calle Goya hasta el final.

Ejercicio 3. Manuel Becerra, Goya, Velázquez y Serrano.

Ejercicio 4. Hay que mirar el plano con atención y utilizar el vocabulario y expresiones del cuadro.

Ejercicio 5. 650 metros sobre el nivel del mar. En el centro. Del país, de la provincia de Madrid y de la Comunidad autónoma del mismo nombre. Las Cortes (Parlamento), el gobierno y el rey. Están (viven). Casi el 10 %.

Ejercicio 6. Ejercicio de libre creación con los elementos aprendidos en anteriores ejercicios.

Ejercicio 7. 1. al. 2. del. 3. del. 4. al, del. 5. del.

Ejercicio 8. nueve; quince; veintisiete; treinta y tres; seiscientos cincuenta; quinientos treinta y uno; dos mil; mil novecientos noventa.

Ejercicio 9. Son las dos menos veinte de la tarde; son las cuatro de la tarde; son las doce y cuarto; son las siete y veinte; son las doce menos cinco/las once cincuenta y cinco; es la una menos veinticinco/las doce treinta y cinco.

Ejercicio 10. voy, vas, va, vamos, vais, van.
vengo, vienes, viene, venimos, venís, vienen.
1. viene. 2. vas. 3. voy. 4. vienen. 5. van.

LECCCIÓN 4

Ejercicio 1. 3, 2, 1, 6, 8, 9, 10, 4, 5, 7.

Ejercicio 2. Está en la provincia de Toledo, al sur de Madrid. Muchos fines de semana. En coche. Hay muchos animales y árboles frutales. Le gusta dar de comer a las gallinas y a las vacas. Le gusta mucho oír a los pájaros y cuidar las flores y plantas. Le gusta pasear por el campo y ver el paisaje. Mi hermana y yo.
Las tres últimas preguntas son personales.

Ejercicio 3. lana - oveja; jamón - cerdo; huevos - gallina; leche - vaca.

Ejercicio 4. norte - sur - este - oeste.

Ejercicio 5. Se reúnen en los bares para tomar unas copas y charlar con los vecinos o ver algún partido de fútbol en la tele. El tema de conversación preferido es el tiempo.

Ejercicio 6. vamos; al; el; conocemos; la; las; la; la; son; trabajan; al; se reúnen; los; la; tomar; charlar; ver; el; los, los; las; las.

Ejercicio 7. país; comunidad autónoma; provincia; ciudad; pueblo.

Ejercicio 8. primavera, verano, otoño, invierno.

Ejercicio 9. Ejercicio de creación controlada con los elementos que se dan.

Ejercicio 10. quiero, quieres, quiere, queremos, queréis, quieren.
puedo, puedes, puede, podemos, podéis, pueden.
1. quiero. 2. puedes. 3. queremos. 4. podéis.

Ejercicio 11. a) ver, saber, salir, traer, dar, poner, hacer, estar.
b) de libre creación.

Ejercicio 12. el agua, la diversión, el problema, el verano, los peces, las semanas, la paz, la tele, el pájaro, la calle, los animales, los coches, la gente, la flor, la leche, el tema, los días, los campos.

LECCIÓN 5

Ejercicio 1. D; C; A; B.

Ejercicio 2. Santiago de Compostela; avión; 5.000 pesetas; 12.000 pesetas; 20.000 pesetas; 11.10 a.m.; 20.40 p.m.; día 22; día 24; tarjeta.

Ejercicio 3. ¿Cómo puedo ir a Santiago de Compostela?
Hay servicio diario de trenes, aviones y autocares.
¿Qué me recomienda? ¿Cuál es el más barato?
Lo más barato es el autocar. Son 5.000 pesetas ida y vuelta.
¿Hay alguna tarifa especial en avión?
Sí. Si pasa usted el sábado en el lugar de destino, la compañía Iberia le hace un descuento del 40 % y entonces son 12.000 pesetas.
¿Me puede decir los horarios?
Tiene usted vuelos a las 7.40, 11.10 y 13.30, para la ida, y para la vuelta, a las 15, 20.40 y 24.

Ejercicio 4. 3, 4, 5, 2, 6, 1.

Ejercicio 5. el viaje de ida y vuelta en autobús. Cuando se pasa el sábado en el lugar de destino. 12.000 pesetas es la tarifa especial y 20.000 la tarifa normal. Los horarios de los vuelos de ida. Los horarios de los vuelos de vuelta.

Ejercicio 6. la miro; lo lee; la compramos; os invito; no los/les oigo; no la sé.

Ejercicio 7. hay que utilizar las formas del recuadro.

Ejercicio 8. Mis padres van a enviarme dinero. ¿Se va usted a quedar aquí? ¿Cuándo van a poner la mesa? Mañana no voy a volver.

Ejercicio 9. ¿Entramos en este bar? ¿Vamos a Santiago de Compostela? ¿Vamos en tren?

LECCIÓN 6

Ejercicio 1. ¿; −; ¿; +; ¿; −; −; −; −; −; −; −; +; +; +; +; −; −.

Ejercicio 2. Conversación completa:
—¿Puedo reservar una habitación para Semana Santa, por favor?
—¿Sí, señor, todavía tenemos habitaciones libres. ¿Cuántas noches?
—Tres. Necesito una habitación doble.
—Vamos a ver... Sí, señor. Una habitación doble. ¿A nombre de quién, por favor?
—Señor y señora Alonso.
—Muy bien. A nombre de señor y señora Alonso.
—La quiero con cuarto de baño.
—Por supuesto, señor. Con cuarto de baño.
—¿Hay ruidos en la zona?
—No, no, señor. Es una zona muy tranquila.
—Entonces quiero una exterior.
—Muy bien. Una habitación exterior. ¿Para qué fechas?
—Desde el 14 por la tarde.
—Muy bien, señor. Reservada desde el 14 por la tarde hasta el 17 por la mañana.

Ejercicio 3. doble; con cuarto de baño; exterior; poco ruido; tres noches; Semana Santa.

Ejercicio 4. 1. Restaurante. 2. Cafetería. 3. Piscina. 5. Tenis. 10. Habitaciones para minusválidos. 11. Garaje. 12. Salas para reuniones y congresos.

Ejercicio 5. *Elena:* Excursión estupenda. Parador precioso, con todas las comodidades, moderno y barato (sólo 6.000 pesetas la habitación doble)
Esperanza: Excursión fatal, un desastre. Un hotel de cuatro estrellas que parecía una mala pensión. Carísimo, sin agua corriente ni cuarto de baño. Pidieron el libro de reclamaciones y no pagaron.

Ejercicio 6. gané, ganaste, ganó, ganamos, ganasteis, ganaron.
comí, comiste, comió, comimos, comisteis, comieron.
salí, saliste, salió, salimos, salisteis, salieron.
1. salió. 2. tuviste. 3. fuimos. 4. estuvo. 5. dije. 6. hizo. 7. pudimos. 8. pusiste.

Ejercicio 7. 1. Tienes que decirme la verdad. 2. ¿Tiene usted que fumar? 3. No tenemos que pagar ahora. 4. No tengo que leer el periódico. 5. Tienen que trabajar más. 6. Tenéis que pagar la cuenta.

LECCIÓN 7

Ejercicio 1. ensalada; la sopa; huevos fritos; pescadilla; el pollo; fruta; flan; uvas; melón; vino; café.

Ejercicio 2. 1. malísima. 2. salada. 3. fría. 4. demasiado. 5. malo. 6. mal.

Ejercicio 3. 400 pesetas. Siete. 70 pesetas. Un billete de mil pesetas.

Ejercicio 4. comida: caliente, frío, muy hecho-a, cocido, frito, a la plancha.
servicio: agradable, lento, excelente, rápido, horrible.
interior: agradable, bonito, moderno, horrible, elegante, acogedor.

Ejercicio 5. 1, 2, 3, 5, 7, 11, 9, 8, 6, 12, 4, 10.

Ejercicio 6. Manifieste sus gustos personales.

Ejercicio 7. Se echa un poco de aceite en la sartén. Se rompen los huevos. Se baten y se echa un poco de sal. Cuando el aceite está caliente, se echan los huevos en la sartén. Se da la vuelta a la tortilla.

Ejercicio 8. hablando, leyendo, comiendo, midiendo, poniendo, lavando, bebiendo, durmiendo.

Ejercicio 9. 1. está durmiendo. 2. estuve hablando. 3. estás mirando. 4. está trabajando. 5. estuvieron preguntando. 6. estás aprendiendo.

Ejercicio 10. 1. tercer. 2. primera. 3. quinta. 4. primer. 5. segunda. 6. décimo.

LECCIÓN 8

Ejercicio 1. nombre: ¿cómo se llama esto en español?
pronunciación: ¿cómo se pronuncia?
escritura: ¿cómo se escribe?
significado: ¿qué significa...?, ¿qué quiere decir...?

Ejercicio 2. columna de la izquierda: 8, 5, 10, 9, 4.
columna de la derecha: 1, 6, 7, 3, 2.

Ejercicio 3. buenas noches/¿qué tal?/mucho gusto/tratar de tú/adiós/hasta luego.

Ejercicio 4. Puede escribir los del texto anterior y otros que usted conozca o haya oído.

Ejercicio 5. 1. Come un poco más. 2. Pronunciad esa palabra otra vez. 3. Escríbelo en la pizarra. 4. Pedid un poco más de agua, por favor. 5. Pon la mesa en seguida, por favor. 6. Ten esta carta.

Ejercicio 6. 1. ¿Quieres/puedes escuchar la cinta? 2. ¿Queréis/podéis llamar al portero? 3. Niño, ¿quieres saludar a esta señora? 4. ¿Quieres/puedes decirme qué hora es? 5. ¿Quieres salir de ahí en seguida? 6. ¿Os queréis/podéis callar, por favor?

▰▰ LECCIÓN 9

Ejercicio 1. a) lana; cuarta planta. b) el departamento de ropa de niños; el departamento de juventud y deportes. c) bolsos de señora y carteras de cuero para señor; los artículos de piel para caballero; d) en la séptima planta; todo tipo de artículos rebajados de precio. e) en la planta baja; Pepi García. f) al aparcamiento; M-3608-X

Ejercicio 2. Primer cuadro: 2, 3, 1, 5, 4.
Segundo cuadro: 5, 4, 1, 3, 2.

Ejercicio 3. Ejercicio de creación controlada con el vocabulario que ha aprendido.

Ejercicio 4. 4, 7, 6, 4, 2, 5, 6, 1, 1, 8, 6, 2, 2, 2.

Ejercicio 5. Ejercicio de libre creación con sus datos personales.

Ejercicio 6. vivido, puesto, dicho, ido, descubierto, ganado, escrito, visto, roto, hablado, sabido, sido, hecho, abierto, vuelto.

Ejercicio 7. 1. ha preguntado. 2. has visto. 3. ha llamado. 4. habéis pedido. 5. he escrito. 6. han vuelto.

Ejercicio 8. Ejercicio de creación controlada con la estructura *hace* + expresión de tiempo.

▰▰ LECCIÓN 10

Ejercicio 1. disco; título; español; escucharlo; 1.800 pesetas; caro.
a) un disco de música moderna. b) el intérprete. c) español. d) escucharlo. e) 1.800 pesetas. f) no se lo lleva.

Ejercicio 2. —¿A cómo está este pescado, por favor?
—Póngame unas rodajas, como tres cuartos de kilo.
—¿Qué vale esta carne?
—¿Qué le doy?
—¿A cuánto están las patatas?
—¿Me cobra, por favor?
—¿Me dice qué es? ¿Qué le debo?

Ejercicio 3. un, la, tarde, u, almacenes, competencia, horario, estos, supone, en, el, el, no la.

Ejercicio 4. pastelería: pasteles, dulces y tartas.
perfumería: colonia, jabón, desodorantes, perfumes, etcétera.
librería: libros.
zapatería: zapatos, botas y distintos tipos de calzado.

pescadería: todo tipo de pescados y mariscos.
panadería: pan.
estanco: tabaco, cerillas, mecheros, sellos.
tienda de ultramarinos: productos alimenticios, latas de conservas.
ferretería: herramientas, respuestos, etc.

Ejercicio 5. Ejercicio de libre creación para aprender el nombre de los colores.

Ejercicio 6. 1. Mi casa está tan lejos como la tuya. 2. Este ordenador es más caro que aquél. 3. El disco es menos moderno que la película. 4. Tengo tantos amigos como tú. 5. La falda de algodón es más barata que la de seda.

Ejercicio 7. 1. mejor. 2. menores. 3. peor. 4. mayor. 5. mejor.

Ejercicio 8. Ejercicio de libre creación con las fórmulas comparativas que se dan.

Ejercicio 9. 1. de, a. 2. en. 3. a, de. 4. a, de. 5. en. 6. a. 7. a.

LECCIÓN 11 ▰▰

Ejercicio 1. sellos; Correos; estanco; carta; tarjeta postal; buzón; paquete; postal exprés; giro; impreso; ventanilla.

Ejercicio 2. a) ¿De parte de quién?; espera un momento, ahora se pone.
b) ¡Oiga, por favor! ¿Está María?; ¿Sabe cuándo llegará?; Sí, por favor. Dígale que la llamó Blanca.
c) Para llamar a Málaga tiene que marcar el prefijo 952; bueno, luego tiene que marcar el número de la persona.

Ejercicio 3. 1. Hay que descolgar el teléfono. 2. Luego tienes que introducir las monedas. 3. Después debes escuchar el tono. 4. Por último, marca el prefijo internacional (07), el de Francia (33) y el número del abonado.

Ejercicio 4. 1. descolgar el teléfono, introducir las monedas, marcar el número.
2. comunica; no lo cogen o nos contestan que allí no es; volver a intentarlo.
3. urbanas; interurbanas; internacionales.

Ejercicio 5. 1. Descolgar el teléfono. 2. Introducir las monedas. 3. Escuchar el tono. 4. Marcar el prefijo internacional. 5. Marcar el número del país. 6. Marcar el número del abonado. 7, 8, 9. Si comunica, no contestan o te equivocas de número, hay que consultar la guía otra vez y repetir la operación.

Ejercicio 6. Ejercicio de creación controlada con los datos que se dan en el cuadro.

Ejercicio 7. 1. tranquila. 2. activo. 3. triste. 4. antipáticos. 5. feas.

Ejercicio 8. es muy antipática; está muy agradable; son muy inquietos; somos bastante divertidos; está muy fea.

LECCIÓN 12 ▰▰

Ejercicio 1. la cabeza, los ojos, las muelas, la cara, la boca.

Ejercicio 2. le duelen las muelas; tiene dolor de cabeza; le duele todo el cuerpo; debe ir al oculista; tiene que ir al dentista.

Ejercicio 3. 8, 7, 6, 1, 5, 4, 2, 3.

Ejercicio 4. Ejercicio de creación controlada con los datos del resumen y el vocabulario aprendido.

Ejercicio 5. No se encuentra bien. Le duele todo el cuerpo. Le duele la cabeza. Cree que no ve bien. También le duelen las muelas

Ejercicio 6. elevación; del; síntoma; va; de; temperatura; a; La; un; y; hay; los; no; no; termómetro; 38; preocuparse; de; ya; ser; avisar.

Ejercicio 7.
1. una elevación; un síntoma; la temperatura; el termómetro.
2. del cuerpo; la temperatura; un poco; los cambios.
3. no va bien; no hay que tener; hay que preocuparse más; puede ser peligroso; hay que avisar al médico.
4. 38 grados; no hace falta; no suelen tener importancia; ya es fiebre alta; a los 36,5 grados; de una posible enfermedad; de 39 a 40 grados; y según las personas.

Ejercicio 8. *Paciente:* No me encuentro bien. Me duele todo el cuerpo. Me duele mucho la cabeza. Me parece que ahora no veo bien. También me duelen las muelas. ¿Cree usted que debo ir al dentista?
Joven: Me encuentro mal. No sé qué me pasa. No tengo sueño. No tengo ganas de nada. No me apetece. Me encuentro mejor. Creo que ya estoy bien.
El paciente repite más: me duele mucho.
La joven repite más: no sé qué me pasa.

Ejercicio 9. 1. me hagas. 2. hagas. 3. bebáis. 4. corran. 5. trabajen. 6. te acuestes.

Ejercicio 10. Ejercicio de creación controlada con las estructuras del cuadro.

Ejercicio 11. hay; hay; está; hay; está; está; hay; están.

LECCIÓN 13

Ejercicio 1. 12, 2, 3, 1, 5, 4, 7, 8, 6, 9, 11, 10

Ejercicio 2. los cuadros, de derecha a izquierda y de arriba abajo, hay que rellenarlos así: matemáticas; geografía e historia; matemáticas; idioma; idioma; lengua y literatura; gimnasia y deporte; lengua y literatura; religión o ética; música; libre.

Ejercicio 3. Prácticamente, el texto refleja una conversación en la que cada estudiante manifiesta sus gustos y preferencias sobre asignaturas o aspectos de la vida escolar.

Ejercicio 4. *Manolo:* Le gustan las matemáticas y la física y química. No le gusta la lengua. Lo pasa bien con las matemáticas y se aburre mucho en la clase de lengua. Prefiere las ciencias porque le parecen divertidas. Le aburre la lengua.
Carmen: Le gusta todo. Lo pasa bien en todas las clases. Prefiere la música, el deporte y el recreo. Le divierte más ir al colegio

que quedarse en casa y estar con los compañeros.
M.ª Jesús: Le gusta la historia. No le gustan las matemáticas. Se aburre en casa. Prefiere ir al colegio. A veces, el colegio no es muy divertido. El profesor de física le parece un rollo, muy aburrido.
Pepe: No le gusta estudiar ni hacer exámenes. Se aburre mucho en las clases. Prefiere la gimnasia, el deporte, los días de fiesta y las vacaciones.

Ejercicio 5. Ejercicio de creación controlada según los datos de los dos ejercicios anteriores.

Ejercicio 6. 5, 8, 4, 3, 7, 2, 6, 1.

Ejercicio 7. A M.ª Jesús y a Manolo. Sacó un notable. En física y química, en matemáticas, en historia y en educación física. En música. Le dieron un sobresaliente.

Ejercicio 8. estudiaba, estudiabas, estudiaba, estudiábamos, estudiabais, estudiaban.
escribía, escribías, escribía, escribíamos, escribíais, escribían.
leía, leías, leía, leíamos, leíais, leían.
era, eras, era, éramos, erais, eran.
iba, ibas, iba, íbamos, ibais, iban.
Las frases son de libre creación, con los dos verbos en tiempo imperfecto.

Ejercicio 9. Las fórmulas del cuadro se pueden aplicar a cada una de las acciones

LECCIÓN 14

Ejercicio 1. *Jaime:* Estudia y trabaja en una oficina. Gana algún dinero para sus gastos. Le gusta su trabajo.
Rosa: Trabaja en un banco. Tiene un sueldo bastante bueno. Le gusta su trabajo.

Ejercicio 2. *Sofía:* Sólo tiene una hora para comer. Sólo tiene un mes de vacaciones. Cree que su trabajo no es muy divertido.
Ángel: Tiene un horario bastante cómodo. Tiene todo el verano de vacaciones. Cree que las clases cansan mucho y que, a veces, es difícil estar con los alumnos.

Ejercicio 3. Ejercicio de creación controlada con los datos de los ejercicios 1 y 2.

Ejercicio 4. Columna «trabaja en»: 4, 3, 2, 5, 6, 7, 8, 1.
Columna «aprendieron/estudiaron»: 7, 5, 1, 3, 4, 6, 2, 8.

Ejercicio 5. Se trata de retener los datos que se dan para aplicarlos en el siguiente ejercicio.

Ejercicio 6. *M.ª José:* Es secretaria, trabaja en una oficina y estudió informática y mecanografía.
Luis: Es profesor, trabaja en la Facultad de Ciencias Exactas y estudió matemáticas en la Universidad.
Antonio: Es mecánico, trabaja en un taller de automóviles y aprendió mecánica.
Concha: Es abogada, trabaja en una asesoría jurídica y estudió Derecho en la Universidad de Granada.

Jorge:	Es camarero, trabaja en una cafetería y estudió en la Escuela de Hostelería.
M.ª Dolores:	Fue funcionaria del Estado; ahora está jubilada. Estudió Derecho en la Universidad.
Julián:	Era un empresario; ahora está en el paro. Estudió Ciencias Empresariales.

Ejercicio 7.
a) (De izquierda a derecha): ejecutivos; administrativo-a; asesoría jurídica; chapistas y mecánicos; diplomado-a en enfermería; aprendiz de camarero.
b) Se trata de resumir la información de cada anuncio.
c) De libre creación.

Ejercicio 8. 1. Hace tres años que estudian idiomas/Estudian idiomas desde hace tres años. 2. Hace mucho tiempo que busca trabajo/Busca trabajo desde hace mucho tiempo. 3. Hace seis meses que estamos sin trabajo/Estamos sin trabajo desde hace seis meses. 4. Hace sólo dos semanas que sabe escribir a máquina/Sabe escribir a máquina desde hace sólo dos semanas. 5. Hace dos años que estoy jubilado/Estoy jubilado desde hace dos años.

Ejercicio 9. Siguen estudiando. Todavía le gusta el fútbol. Sigue trabajando en el hospital. Aún/todavía está soltero. Sigue siendo temprano.

Ejercicio 10. No tengo *más* dinero. *Ahora* estamos en verano. Sí, de acuerdo. No lo sé, lo pongo en duda.

◼ LECCIÓN 15

Ejercicio 4.

Maribel:	Le encanta el club. Puede practicar todos los deportes que le gustan. Le hacía falta hacer ejercicio y andar mucho, por eso le gusta el golf.
Jose M.ª:	Le gusta mucho el club. Puede aprender y entrenarse sin problemas. Jugar al golf porque puede llevar el ritmo que quiera.
Conchita:	El club social le resulta muy agradable. Puede hacer gimnasia, tomar una sauna e ir a la cafetería, cuando tiene ganas de tomar algo.
Marisa:	También le gusta el club. Si quiere, puede hacer deporte o descansar. Necesita un sitio tranquilo donde nadie la moleste.

Ejercicio 6. Por la noche puede practicar natación y tenis. Sí, es posible ver competiciones internacionales de golf. El golf y el tenis. Hay varias alternativas de recorrido y campo de aprendizaje y entrenamiento.

Ejercicio 7. 1. A nosotros, también. 2. A mí, tampoco. 3. A nosotros, también. 4. Yo, tampoco. 5. A mí, también.

Ejercicio 8. 1. No tenéis que beber. 2. Teníamos que leer mucho. 3. Tienen que ver el partido. 4. Tengo que ganar.

◼ LECCIÓN 16

Ejercicio 1. Se trata de aprender vocabulario y estructuras referentes al espectáculo del cine.

Ejercicio 2. Pases en que se da o se pone la película. A las 4.30 p.m. Las 10 ó 10.30 p.m. Es la primera vez que se pone una película. Reestreno o reposición. 500 pesetas. Para mayores de 65 años en días laborables. Es aquella en que los actores hablan en español aunque sea otro el idioma original. En versión original.

Ejercicio 3. De creación controlada, según el vocabulario aprendido en los dos ejercicios anteriores.

Ejercicio 4. Se trata de aprender vocabulario y estructuras referentes al espectáculo del teatro.

Ejercicio 5. Repetición, de memoria, del ejercicio anterior.

Ejercicio 7. De libre creación, de acuerdo con las características de los espectáculos del ejercicio anterior

Ejercicio 8. 1. alguna. 2. ningún. 3. algo. 4. nada. 5. nadie.

Ejercicio 9. De libre creación usando la partícula *pero*.

◼ LECCIÓN 17

Ejercicio 1. Son expresiones que manifiestan diversos grados de seguridad o duda.

Ejercicio 2.
a) Se trata de marcar en el diálogo las expresiones de la actividad anterior.
b) 1. a lo mejor; puede ser; creo que sí; tal vez. 2. me parece que no; está totalmente convencido; creo que. 3. de ninguna manera; completamente seguro.
La guía de televisión la tiene el padre.

Ejercicio 3. Se trata de recordar expresiones que indican frecuencia.

Ejercicio 4.

Señora:	Ve siempre la televisión, sobre todo los sábados y domingos. Lee el periódico casi todos los días. No hay datos sobre las revistas. Siempre tiene algún libro en las manos.
Señor A:	No ve la televisión todos los días. Lee el periódico cada día. Lee, por lo menos, una revista a la semana. Lee bastante, varios libros al mes.
Señor B:	Nunca ve la televisión. Tampoco lee periódicos ni revistas, lee poco, un libro o dos al año.

Ejercicio 5. españoles, reparten, mayor, libre, oír, ver, fines, acudir.

Ejercicio 6. Ejercicio de creación controlada con los elementos dados.

Ejercicio 7. Ejercicio de libre creación.

Ejercicio 8. No le he vuelto a ver. Vuelve a decírmelo. ¿Has vuelto a ir a los toros? La gente vuelve a bailar sevillanas.

Ejercicio 9. No pienso estar allí. Mis amigos pensaban ver una comedia musical. No piensan dormir en toda la noche. ¿Piensa usted salir este fin de semana? ¿No piensas beber vino?

Ejercicio 10. Ejercicio de libre creación con la fórmula *es que*.

LECCIÓN 18

Ejercicio 1. Es un ejercicio de anticipación al texto grabado que viene detrás. Las contestaciones son: Nunca vi ningún anuncio; la vio por primera vez en el quiosco al lado de la casa. La compré allí. Yo no soy suscriptor, pero un hijo mío sí está suscrito. Me parece que unos cuatro años. Se encuentra con facilidad en todos los sitios. Mi hijo, mi hija y yo.

Ejercicio 2. Simple audición del texto grabado.

Ejercicio 3. Su familia. En todas partes. Entre tres y cinco años. Familiar. Lo compró en un quiosco. La vi en un quiosco

Ejercicio 4. Ejercicio de creación controlada con los elementos dados.

Ejercicio 5. Aurelio González se interesa por la cocina y los viajes. Echa de menos alguna sección en el periódico dedicada a los restaurantes y al vino. Prefiere comentarios sobre restaurantes y vino. No le convence que el periódico dedique tanto espacio para las noticias internacionales. Le parece mejor que hablen de viajes.
A Mariví Rodríguez le desagrada escribir. Le molesta la cantidad de artículos del periódico sobre moda, salud, belleza y jardinería. Le interesa más el problema de la vivienda.
José Luis López es aficionado al humor. Prefiere las columnas humorísticas y los pasatiempos. No le convence la seriedad.

Ejercicio 6. Ejercicio de libre creación.

Ejercicio 7. Se agotó el número ...... No se practica mucho ......
Se anuncia mucho ...... Se oyen las noticias ...... Se compra todo tipo ......

Ejercicio 8. Ejercicio de libre creación

Ejercicio 9. 1. Lleva una hora haciendo el crucigrama. 2. Su marido lleva 20 años trabajando en la misma empresa. 3. Este periodista lleva sólo tres meses escribiendo la sección de deportes.

LECCIÓN 19

Ejercicio 1. Ejercicio de fijación de vocabulario y expresiones referentes al clima y al tiempo.

Ejercicio 2. Prácticamente se trata de repetir las características del tiempo que se mencionan en la cinta.

Ejercicio 3. Ejercicio de creación controlada a la vista del mapa, teniendo en cuenta el vocabulario aprendido en los ejercicios anteriores.

Ejercicio 4. Gabardina, paraguas y alguna prenda para la cabeza (sombrero, gorra o boina). El paraguas será útil para recorrer las ciudades. Sombrero, gorra o boina. Será mejor llevar un abrigo y zapatos fuertes y cómodos. Para las islas no hay que olvidar el bañador porque lo podrá utilizar muchas veces

Ejercicio 5. incluso hará viento = incluso puede hacer viento, estaremos bien protegidos = seguro que estamos bien protegidos; el paraguas estará bien = el paraguas es bueno; será mejor = quizá sea mejor; unos zapatos cómodos nos serán de gran utilidad = van a ser; el clima nos ayudará = el clima, sin duda, nos ayuda; lo utilizará muchas veces = lo va a utilizar muchas veces.

Ejercicio 6. 1. hará. 2. iremos. 3. estaré. 4. podrás. 5. dirán. 6. habrá, lloverá. 7. vendrá. 8. se pondrá.

Ejercicio 7. 1. seguro que hace frío; seguramente hará frío. 2. a lo mejor está nublado; seguro que está nublado. 3. a lo mejor usas el bañador; seguramente usarás el bañador. 4. seguro que hace viento; seguramente hará viento. 5. a lo mejor hace sol; seguramente hará sol.

LECCIÓN 20

Ejercicio 1. a) No está seguro. Desea irse de vacaciones. Irá al pueblo a descansar.
b) Moverse mucho y no parar. Desea viajar mucho. Va a hacer muchas excursiones.
Se irán al pueblo a descansar si toda la familia está de acuerdo.
Es natural cambiar en vacaciones si durante el año se descansa bastante.

Ejercicio 2. a) falso; verdadero; falso.
b) verdadero; falso; verdadero.

Ejercicio 3. ¿Puede decirme cómo es el clima de esta región? agradable; clima y la tranquilidad; ¿Y qué es lo que se puede ver allí?; paisajes; monumentos; románico; barroco; ¿Y de la comida? ¿Qué me dice de la comida?; sitios; ¿Y qué tal el vino? ¿Qué vino tienen?; temperatura; vinos; graduación; ¿Y cuál es la mejor forma de ir allí? ¿Cómo se puede ir?; trenes; en coche; típico.

Ejercicio 4. Toledo: pintoresco y monumental. Rico en restos cristianos, musulmanes y judíos.
Semana Santa en Sevilla: tradición y espectáculo inolvidable.
Feria de abril en Sevilla: la fiesta andaluza, el baile flamenco y las corridas de toros.
Sierra Nevada: sol y nieve.
Costa del Sol: paisaje, flora exuberante. Turismo de Andalucía.

Ejercicio 5. Si llueve, me quedo/quedaré en casa. Si nieva, voy/ voy a ir a esquiar. Si hace sol, me baño/bañaré/voy a bañarme en el río. Si quieres, lo pasaremos/vamos a pasar muy bien. Si tengo dinero, voy a viajar/viajaré por el extranjero.

Ejercicio 6. Ejercicio de creación controlada con las diferentes posibilidades de viajar

Ejercicio 7. Ejercicio de libre creación con formas de futuro.

GLOSARIO

A

Palabra	Unidad
a	2
abajo	15
abogado, el	14
abrigar(se)	19
abrigo, el	9
abril	19
abrir	4
abuelo, el	2
aburrido	11
aburrir(se)	13
acabar	16
acción, la	6
aceite, el	7
acento, el	8
acogedor	7
acompañar	8
acordarse	8
acortar	9
acostarse	2
actividad, la	12
activo	11
actor, el	16
actriz, la	16
actual	1
actualidad, la	16
además	13
adiós	5
adjetivo, el	10
adverbio, el	10
aeropuerto, el	6
afecto, el	4
afeitarse	9
aficionado	18
agencia, la	2
agenda, la	18
agente, el	18
agilidad, la	14
agosto	19
agradable	7
agricultor, el	4
agua, el	4
¡ah!	7
ahí	3
ahora	3
ahora mismo	13
aire, el	6
al	2
a la plancha	7
alcohol, el	12
alcohólico	20
alegrar(se)	13
alegre	11
alegría, la	4
al final de	3
alfombra, la	9
algo	7
algodón, el	9
alguien	3
algún-no-a-os-as	16
al lado de	3
alojamiento, el	6
alojar	15

Palabra	Unidad
a lo mejor	17
alquilado	9
altavoz, el	9
alto	20
altura, la	1
allí	3
amable	3
amarillo, el	10
ambos	14
a medidos de	17
a menudo	4
amigo-a, el/la	3
ancho	9
andar	15
animado	11
animal, el	4
anterior	16
antes	2
antigüedad, la	9
antiguo	10
antipático	11
anunciar	18
anuncio, el	18
añadir	7
año, el	1
aparcamiento, el	3
aparentemente	15
apartamento, el	1
a partir de	12
apellido, el	1
apetecer	12
a pie	3
aplaudir	16
aprender	7
aprendiz, el	14
aprobado	13
aprobar	13
aproximadamente	3
¿a qué hora...?	3
aquel-la-los-las	3
aquí	2
árbol, el	4
área, el	6
arreglar(se)	2
arriba	15
arroz, el	7
arte, el	20
artículo, el	4
artista, el/la	16
artístico	20
asado	7
asegurar(se)	11
así	9
aspirina, la	12
atención, la	4
atentamente	18
aumento, el	10
aún	14
aunque	8
auricular, el	10
autobús, el	20
autocar, el	5
automóvil, el	14
a veces	13
avenida, la	1

Palabra	Unidad
avión, el	5
avisar	12
aviso, el	12
ayer	6
ayudar	2
azul	10

B

Palabra	Unidad
baile, el	16
baja	9
baloncesto, el	18
balón, el	9
ballet, el	16
banco, el	12
bañador, el	19
bañar(se)	4
baño, el	6
barato	5
barco, el	20
bar, el	4
barra, la	14
base, la	20
básico	14
bastante	11
bebé, el	9
beber	7
belleza, la	6
bici(cleta), la	15
bien	5
billete, el	5
blanco, el	10
boca, la	12
bolígrafo, el	8
bolso, el	9
bonito	4
borrar	13
broma, la	16
buen	5
buenas noches	8
buenas tardes	8
buenísimo	12
bueno	3
buenos días	5
buen viaje	5
buscar	9
butaca, la	16
buzón, el	11

C

Palabra	Unidad
caballero, el	9
caballo, el	4
cabello, el	1
cabeza, la	12
cabina, la	11
cada	4
café, el	5

Palabra	Unidad
cafetería, la	6
cajera, la	7
calcetín, el	9
caldo, el	7
calentar	7
caliente	6
calor	4
caluroso	19
callar(se)	8
calle, la	1
cama, la	2
cámara, la	16
camarero, el	7
cambiar	3
cambio, el	7
camino, el	3
camisa, la	9
camping, el	20
campo, el	4
cansado	20
cansar	14
cantidad, la	20
capacidad, la	6
capital, la	3
cara, la	8
cargo, el	14
carísimo	6
carnet de conducir, el	14
carnicería, la	10
caro	5
carta, la	9
cartera, la	9
casado-a	1
casa, la	2
casi	3
casi siempre	17
cena, la	2
cenar	2
central	3
centro, el	15
cerca	2
cerdo, el	4
cerrar	4
cerveza, la	7
cierto	20
cine, el	2
cinta, la	7
ciudad, la	1
claro	9
claro que sí	5
clase, la	13
clásico	10
cliente, el	7
clima, el	19
clínica, la	14
club, el	15
cobrar(se)	6
cocer(se)	7
cocido	7
cocina, la	18
coche-cama, el	5
coche, el	4
código, el	1
coger	7
coincidir	10

152

Palabra	Unidad
espacio, el	4
español	1
especial	5
especialista, el	14
especialmente	6
espectáculo, el	18
espectador, el	16
esperar(se)	6
esquiar	20
esquina, la	3
estación, la	3
Estado, el	1
estanco, el	10
estar	3
éste-a-os-as	2
este, el	3
estrecho	9
estrella, la	6
estrenar	16
estreno, el	16
estudiante, el	16
estudiar	1
estupendo	6
ética, la	13
Europa	19
exactamente	1
examen, el	9
excelente	7
excesivo	18
excursión, la	6
existir	10
éxito, el	16
experiencia, la	14
expresión, la	8
exterior	6
extranjero, el	20
extraordinario	18

F

Palabra	Unidad
fábrica, la	3
fácil	18
facilidad, la	10
facultad, la	14
falda, la	9
falso	20
faltar	18
familia, la	1
familiar	9
farmacia, la	12
fatal	6
febrero	19
fecha, la	6
feliz	11
femenino	1
feo	11
ferretería, la	10
ferrocarril, el	8
festivo	16
fiebre, la	12
fiesta, la	6
fijar(se)	13

Palabra	Unidad
fijo	14
fila, la	16
final, el	3
finca, la	4
fin de semana, el	4
fin, el	17
física, la	13
flamenco, el	16
flan, el	7
flor, la	4
formal	2
forma, la	5
formar	16
fórmula, la	18
frase, la	4
frecuencia, la	4
frecuente	9
fresco	19
frío	4
frito	7
frontera, la	16
frutal	4
fruta, la	7
fuego, el	7
fuerte	19
fumar	6
funcionar	10
funcionario, el	14
fútbol, el	14

G

Palabra	Unidad
gabardina, la	19
gafas, las	12
gallina, la	4
ganar	6
ganas, las	12
garaje, el	14
gasto, el	10
gato, el	4
general	5
gente, la	4
geografía, la	13
gimnasia, la	2
giro, el	11
giro postal, el	11
giro telegráfico, el	11
glorieta, la	3
Gobierno, el	3
golf, el	15
goma, la	13
gorra, la	9
gracias	5
grado, el	12
gran	4
grande	4
gripe, la	12
gris	10
gritar	12
grupo, el	16
guapo	11

Palabra	Unidad
guía telefónica, la	11
gustar	4

H

Palabra	Unidad
haber	6
habitación, la	6
habitante, el	3
habitual	9
hablar	4
hacer	1
hacer daño	12
hacer deporte	2
hacer falta	12
hacer sol	20
hasta	3
hasta la vista	8
hasta luego	8
hasta mañana	8
hasta pronto	8
helado	19
hermano, el	2
hermoso	20
herramienta, la	10
hielo, el	19
hijo, el	13
historia, la	13
histórico	20
hogar, el	9
hojear	18
¡hola!	6
hombre, el	18
honor, el	16
hora, la	2
horario, el	2
horrible	7
hospital, el	14
hotel, el	6
hoy	11
huevo, el	4
humano	12
humor, el	18
humorístico	18

I

Palabra	Unidad
ida, la	5
idea, la	12
idioma, el	1
igual	3
imagen, la	20
impersonal	15
importante	18
imprenta, la	1
impresionante	20
impreso, el	11
incluir	1
incluso	19
indicar	3

Palabra	Unidad
individual	6
infantil	14
infeliz	11
información, la	5
informática, la	1
inglés	1
ingreso, el	9
inmediatamente	2
inquieto	11
insistir	16
insoportable	6
instalación, la	6
insuficiente	18
intención, la	20
intentar	11
interesante	16
interesar(se)	18
interés, el	18
interior	6
internacional	11
intérprete, el	10
introducir	11
invierno, el	4
invitar	5
ir	2
isla, la	19
izquierda, la	3

J

Palabra	Unidad
jabón, el	10
jamón, el	4
jardín, el	9
jersey, el	9
joven, el/la	2
jubilado	14
jueves, el	10
jugador, el	15
jugar	7
julio	19
junio	19
junto a	15
juventud, la	9

K

Palabra	Unidad
kilo, el	10
kilómetro, el	20

L

Palabra	Unidad
lago, el	15
lana, la	4
lápiz de labios, el	10
lápiz, el	13

Palabra	Unidad
largo	9
lavadora, la	9
lavar(se)	2
le	4
lección, la	5
lector, el	18
lectura, la	17
leche, la	4
leer	2
lejos	3
lengua, la	8
lento	7
les	4
letra, la	1
levantar(se)	2
leve	12
libre	6
librería, la	9
libro, el	4
limitado	5
límite, el	5
limón, el	7
limpio	7
línea, la	3
lingüístico	8
lista, la	7
literatura, la	13
lo-a-os-as	2
local, el	18
localidad, la	16
longitud, la	20
lo siento	3
luego	2
lugar de nacimiento, el	1
lugar, el	3
lujo, el	15
luna, la	19
lunes, el	1

LL

Palabra	Unidad
llamada, la	11
llamar la atención	18
llamar(se)	1
llegar	3
llevar(se)	2
llover	19
lluvia, la	4

M

Palabra	Unidad
madera, la	7
madre, la	2
magnífico	5
mal	2
malo-a	7
mamá, la	2
manchar	13

Palabra	Unidad
mandar	11
mano, la	2
mantener(se)	9
manzana, la	10
mañana, la	2
máquina, la	14
maravilla	6
marca, la	18
marcar	11
mar, el	20
marido, el	2
marisco, el	7
marrón	10
martes, el	10
marzo	19
más	3
masaje, el	15
masculino	1
matrimonio, el	2
mayo	19
mayor	4
mayoría, la	4
me	1
mecánica, la	13
mecánico, el	14
media	2
media, la	9
medicina, la	12
médico, el	1
mediodía, el	10
medio, el	5
medir	7
mejor	5
melón, el	7
mencionar	6
menos	18
merluza, la	7
mesa, la	5
mes, el	1
meter(se)	12
metro, el	3
mí	1
miedo, el	12
miércoles, el	2
mil	6
millón, el	6
minusválido-a, el/la	6
minuto, el	3
mirar	3
mismo, el	11
mitad, la	7
moda, la	9
moderno	7
molestar	15
moneda, la	3
montar	4
monumento, el	20
mover(se)	7
movimiento, el	20
muchas gracias	3
mucho	2
mucho gusto	8
mueble, el	9
mujer, la	2
mundo, el	4

Palabra	Unidad
música, la	2
muy	2
muy bien	3

N

Palabra	Unidad
nacional	3
nacionalidad, la	1
nada	6
nadie	16
naranja, la	10
natural	20
naturaleza, la	19
necesidad, la	6
necesitar	4
negativo	15
negocio, el	1
negro	10
nervioso	11
neutro	6
nevar	19
niebla, la	19
nieto, el	2
nieve, la	19
ningún-o-a	5
niño, el	8
nivel, el	3
no	1
noche, la	2
nombre, el	1
normal	2
norte, el	3
nos	4
nosotros-as	1
notable	13
nota, la	9
noticia, la	15
novedad, la	6
noviembre	19
novio, el	2
nube, la	19
nublado	19
nuestro-a-os-as	2
nueve	2
nuevo	14
número, el	1
nunca	15

O

Palabra	Unidad
o	1
objeto, el	6
obligación, la	6
obra, la	16
observar	8
octubre	19
ocurrir	12
ocho	2

Palabra	Unidad
oeste, el	3
oficina, la	1
ofrecer	4
oír	17
ojo, el	1
olvidar(se)	8
opinar	13
opinión, la	5
ordenador, el	10
ordenar	8
orquesta, la	16
os	6
o sea	8
otoño, el	4
otra vez	8
otro-a-os-as	4
oveja, la	4

P

Palabra	Unidad
paciente, el	12
padre, el	2
pagar	5
página, la	18
paisaje, el	4
país, el	4
pájaro, el	8
palabra, la	3
palacio, el	10
panadería, la	10
pan, el	4
pantalón, el	9
papel, el	13
paquete, el	11
para	1
parador, el	6
paraguas, el	19
parar	20
parecer	5
paro, el	14
parte, la	4
participar	20
particular	1
partido, el	4
pasado, el	9
pasaporte, el	1
pasar	4
pasarlo bien	13
pasear	2
pase, el	15
paseo, el	19
pastel, el	10
pastelería, la	10
patata frita, la	7
patata, la	10
paz, la	4
peinar(se)	2
película, la	6
peligroso	12
peluquería, la	6
península, la	3
pensar	20

Palabra	Unidad
pensión, la	6
peor	6
pequeño	4
pera, la	10
perezoso	11
perfecto	9
perfume, el	9
perfumería, la	9
periódico, el	2
pero	5
perro, el	4
personal	15
persona, la	1
pescadería, la	10
pescado, el	10
peseta, la	5
pez, el	4
piano, el	16
pico, el	20
piel, la	9
pintoresco	20
pintura, la	10
piscina, la	6
piso, el	7
pista, la	6
pizarra, la	8
placer, el	16
planta, la	9
plátano, el	10
plateresco	20
plato, el	7
playa, la	5
plaza, la	1
pluma, la	13
población, la	3
poco	2
poder	3
policía, la	11
política, la	18
pollo, el	7
poner(se)	19
por	3
por ejemplo	16
por favor	1
¿por qué?	2
por si acaso	19
por supuesto	5
portería, la	15
portero, el	8
posibilidad, la	5
posible	12
posición, la	15
positivo	12
postre, el	7
practicar	15
precio, el	5
precioso	6
precisar	14
preferir	5
pregunta, la	8
preguntar	3
prenda, la	19
preocupar(se)	12
preparar	2
preposición, la	12

Palabra	Unidad
presentación, la	8
presentar	8
presente, el	9
presupuesto, el	6
pretérito, el	9
primavera, la	4
primer	1
primero-a-os-as	2
principal	20
prisa, la	14
privado	9
probar(se)	9
problema, el	4
producto alimenticio, el	10
profesión, la	1
profesor, el	1
prohibición, la	12
pronto	19
pronunciación, la	8
propaganda, la	6
propietario, el	9
propio	8
propósito, el	1
proteger	19
provincia, la	3
próximo, el	4
pub, el	6
público, el	9
pueblo, el	4
puerta, la	4
pues	3
punto, el	4

Q

Palabra	Unidad
qué	1
¡que aproveche!	7
quedar(se)	9
¿qué hora es?	3
¿qué más?	13
querer	2
querer decir	8
querido-a	16
¡qué suerte!	6
¿qué tal?	6
quién	1
quinto	9
quiosco, el	18
quitar	9
quizás	17

R

Palabra	Unidad
radio, la	17
rápido	7
rato, el	9
realidad, la	4
recado, el	11

Palabra	Unidad
recetar	12
reclamación, la	6
recoger	9
recomendar	5
recordar	18
recorrer	19
recorrido, el	15
recreo, el	13
red, la	8
reducir	16
regalar	18
región, la	20
regla, la	13
reino, el	3
reír(se)	16
relación, la	2
religión, la	13
rellenar	11
remedio, el	16
RENFE	8
repartir	7
repetir	8
reposición, la	16
reservada	5
reservar	6
resfriado, el	12
respeto, el	2
restaurante, el	6
resto, el	7
resultar	15
reunión, la	6
revisión, la	12
revista, la	18
rey, el	3
río, el	4
riquísimo-a	7
ritmo, el	15
rogar	9
rojo	10
rollo	13
romper	7
ropa, la	9
ruido, el	6

S

Palabra	Unidad
sábado, el	5
saber	3
sacar	5
sacar de paseo	4
salado-a	7
sala, la	6
salario, el	14
salida, la	3
salir	6
sal, la	7
salón, el	6
saltar	15
salto, el	15
saludar	8
salud, la	12
saludo, el	8

Palabra	Unidad
sartén, la	7
sauna, la	6
se	1
sección, la	18
secretaria, la	14
seda, la	10
seguir	11
según	12
segundo-a	1
seguro	8
seguro, el	2
sello, el	10
semana, la	13
sencilla	4
sentar	9
señalar	8
señor-a, el/la	2
señorita, la	5
separación, la	14
separado-a	1
septiembre	19
ser	1
seriedad, la	18
servicio, el	5
servir	5
sesión, la	15
sevillanas, las	17
sexo, el	1
sexto	9
sí	3
siempre	6
sierra, la	20
siete	2
significado, el	8
significar	8
siguiente	16
simpático	11
sin	5
sin embargo	8
singular, el	6
sistema, el	10
sitio, el	15
situación, la	9
situar	3
sobre	3
sobresaliente	13
sobre todo	8
sobrina, la	2
social	15
sociedad, la	18
solamente	10
sol, el	12
soler	12
solo	5
soltero-a	1
sombra, la	19
sombrero, el	9
sonar	11
sopa, la	7
soportar	10
sorprender	15
soso-a	7
sótano, el	9
squash, el	6
su	1

Palabra	Unidad
suave	8
subir	3
sucio	7
sueldo, el	14
sueño, el	12
suerte, la	16
suficiente	13
sugerir	5
superficie, la	15
suponer	14
sur, el	3
sus	1
suscrito	18
suspender	13
suspenso	13
sustantivo, el	10
sustituir	10

T

Palabra	Unidad
tabaco, el	10
tal vez	17
talla, la	9
taller, el	14
también	3
tampoco	15
tan	10
tanto	12
tanto por ciento, el	3
taquilla, la	16
tarde	2
tarde, la	5
tarifa, la	5
tarjeta, la	5
tarjeta postal, la	11
taxi, el	3
taxista, el	3
te	1
teatro, el	16
técnica, la	14
teléfono, el	1
tele, la	4
televisión, la	2
tema, el	4

Palabra	Unidad
temperatura, la	12
templado	19
temprano	8
tener	1
tener ganas de	20
tenis, el	15
tercero	9
terminar	2
termómetro, el	12
terraza, la	9
tesoro, el	20
tiempo, el	4
tienda, la	1
tierra, la	4
timbre, el	3
tinta, la	13
tinto	7
tío, el	2
típico	6
tipo, el	9
título, el	10
toalla, la	9
tocar	13
todavía	6
todo	12
tomar	3
tomar(se)	12
tomate, el	7
torero, el	16
tormenta, la	19
tortilla, la	7
total, el	10
totalmente	17
trabajar	1
trabajo, el	2
traer	7
tráfico, el	20
tranquilo	6
transporte, el	5
tratar	8
tren, el	5
tres	2
triste	11
tú	1
turismo, el	20
tus	1
tutear	8
tuyo-a-os-as	10

U

Palabra	Unidad
¡Uf!	10
último	10
un-a	1
unidad, la	9
universidad, la	3
un momento	5
unos-as	2
un poco más	8
uña, la	10
urgencia, la	14
urgente	11
usar	6
uso, el	14
usted-es	1
útil	19
utilidad, la	19
utilizar	17
uva, la	7

V

Palabra	Unidad
vacaciones, las	13
vaca, la	4
vago	11
vale	17
varios	14
vaso, el	9
vecino, el	4
vehículo, el	9
velocidad, la	5
vender	18
venir	19
ventana, la	4
ventanilla, la	11
ver	2
veranear	19
verano, el	4
verbo, el	8
verdadero	20
verdad, la	6
verde	10

Palabra	Unidad
verdura, la	10
vergüenza, la	6
vestido, el	11
vestir	19
vez, la	7
viajar	1
viaje, el	2
vía, la	5
vida, la	4
vídeo, el	5
viejo	20
viento, el	19
viernes, el	3
vino, el	7
visitante, el	20
visitar	19
vista, la	5
viudo-a	1
vivienda, la	9
vivir	1
volver	2
vosotros-as	1
voz, la	16
vuelo, el	5
vuelta, la	5
vuestro-a-os-as	2
vulgar	7

Y

Palabra	Unidad
y	1
ya	2
yo	1

Z

Palabra	Unidad
zapatería, la	9
zapato, el	19
zona, la	6

ÍNDICE